星空をつくる

プラネタリウム・クリエーター
大《おお》平《ひら》貴《たか》之《ゆき》

楠 章子・作

文研出版

星空をつくる
プラネタリウム・クリエーター 大平《おおひら》 貴之《たかゆき》

もくじ

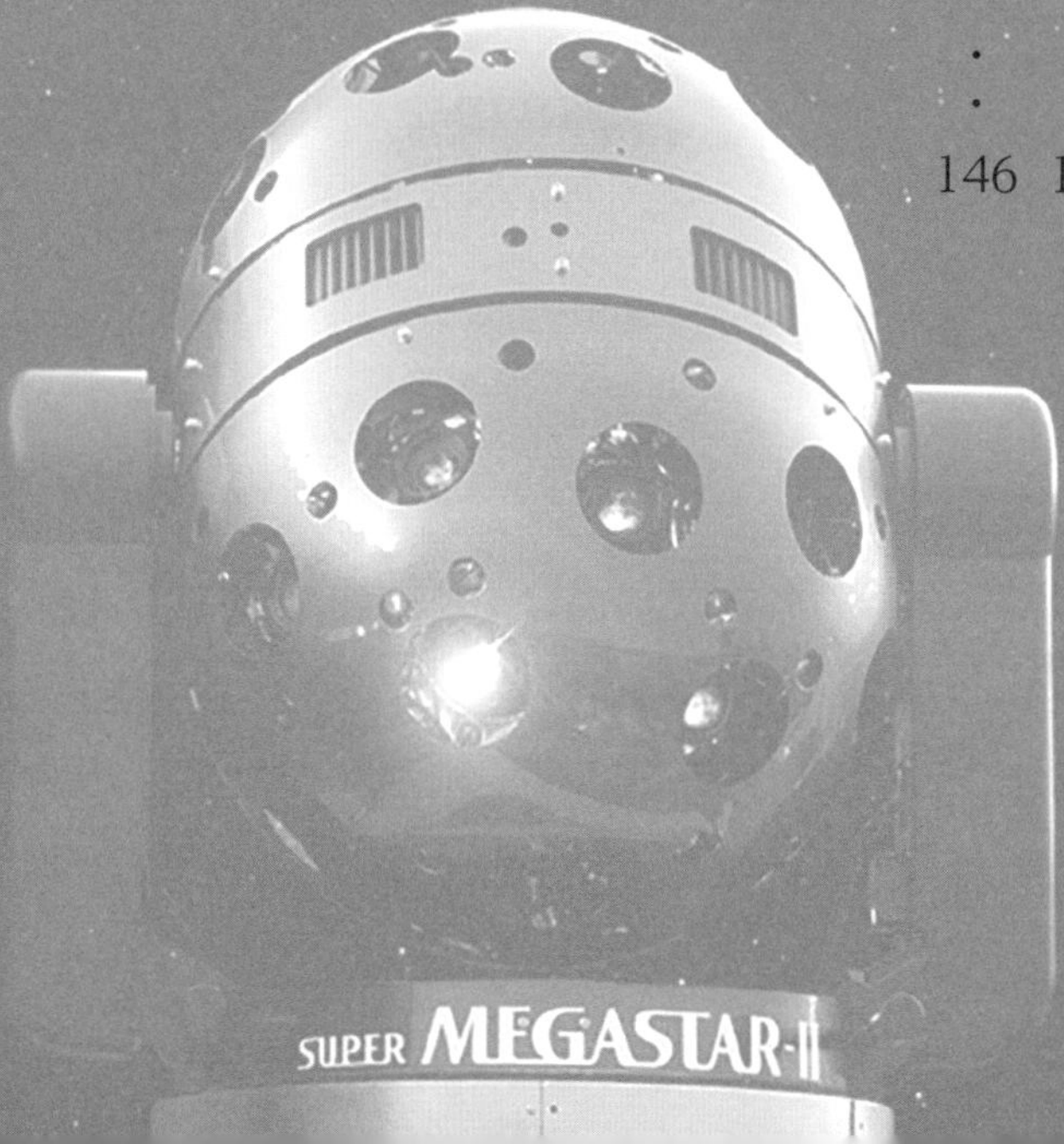
SUPER MEGASTAR-II

プロローグ

「朝までかかりますよね」

「朝までに間に合えばいいけど」

「ああ、せっかくシカゴまで来たのに」

プラネタリウム投影機《とうえいき》の前で、ぶつぶつつぶやいているのは技術《ぎじゅつ》スタッフたち。

「間に合えばじゃなくて、間に合わそう！」

体の大きな男の人が、明るくみんなをはげまします。けれど、スタッフたちは不安げです。

「でも、もうあと数時間しかないんですよ」

「あと数時間もあるんだ。これまでトラブルは何回もあったけど、いつもあきらめずに乗りこえてきた。そこから道は開けていくもんだよ」

体の大きな男の人は言いました。

この人こそ、プラネタリウム・クリエーターの大平貴之《おおひらたかゆき》さんです。クリエーターとは、自分の力で新しいものを創造《そうぞう》する人のこと。貴之《たかゆき》さんは、独創的《どくそうてき》な発想力と努力で、今までにないプラネタリウムを次々つくり出してきました。

貴之《たかゆき》さんにあきらめる様子など少しもありません。むしろトラブルの原因《げんいん》を見つけ、処理《しょり》していくのを楽しんでいるようにも見えます。

その姿《すがた》を見て、ベテランのスタッフが言いました。技術《ぎじゅつ》スタッフたちはみんな、貴之《たかゆき》さんの会社である大平技研《おおひらぎけん》の社員です。

「よーし、やるかあ！」

すると、他のスタッフも作業を再開《さいかい》しはじめました。

「そうですね」

「見てもらいたいですもんね、わたしたちの星空」

「世界の人たちがおおーって歓声《かんせい》をあげるの、聞きたいよな」

二〇〇八年、貴之《たかゆき》さんと大平技研《おおひらぎけん》のスタッフたちは、アメリカのシカゴにいました。

ＩＰＳ《アイピーエス》（国際《こくさい》プラネタリウム協会）のシカゴ大会に参加するためです。会場は、世界的に有名なアドラープラネタリウムです。

このすばらしい発表の場で、貴之《たかゆき》さんたちは大平技研《おおひらぎけん》の最新のプラネタリウム「スーパーメガスター・Ⅱ《ツー》」を公開するつもりでした。

けれど、大事な発表は明日だというのに、プラネタリウム投影機《とうえいき》の電源《でんげん》にトラブルが起きてしまったのです。

貴之《たかゆき》さんとスタッフたちは、もくもくと作業を続けました。

やがて空がうっすら明るくなり、チチチッチチチッと鳥の鳴き声が聞こえてくるころ、何とかトラブルは解決《かいけつ》しました。

「オーケー！」

入らなくなっていた電源《でんげん》が入り、正常《せいじょう》に動いているスーパーメガスター・Ⅱ《ツー》を前に、貴之《たかゆき》さんとスタッフたちは喜び合いました。

貴之《たかゆき》さんたちが発表する場所は、直径二〇メートルのドームです。ロビーに設置《せっち》された直径六メートルのドームで、三十人ほどの人たちに発表したロンドン大会に比《くら》べれば、今回は約三倍の規模《きぼ》になります。

観客の中には、すでに貴之《たかゆき》さんたちがつくったメガスターに興味《きょうみ》を持っている人たちもいました。

「楽しみだわ」

「今回はどんな感動を、わたしたちにくれるのかしら」

「ぼくはロンドン大会の時に、君《きみ》の発表を見たんだよ」

配布《はいふ》された簡易双眼鏡《かんいそうがんきょう》を片手《かたて》に、話しかけてくれる人たちに、貴之《たかゆき》さんは英語で答えます。むかしは得意でなかった英語ですが、今では日常会話《にちじょうかいわ》ぐらいなら問題なく話せるようになりました。

「ありがとうございます。ご期待以上のものをお見せしますよ」

ロンドン大会に参加したのは、一九九八年でした。

(あれから十年か)

貴之《たかゆき》さんは十年という月日を、しみじみ思い返します。

ロンドン大会の時には、まだ会社は設立《せつりつ》していませんでした。設立《せつりつ》どころか、貴之《たかゆき》さんは電気メーカーの社員で、プラネタリウムの製作《せいさく》は趣味《しゅみ》でした。

そのあと電気メーカーを退社《たいしゃ》し、自分の会社をつくり、趣味《しゅみ》は本格的《ほんかくてき》に仕事になりました。

子ども時代からほぼ一人で製作《せいさく》してきましたが、今は会社のスタッフたちと共につくりあげています。

「いよいよですね」

「ドキドキしてきました」

緊張《きんちょう》しているスタッフたちに、貴之《たかゆき》さんは声をかけました。

「よしっ、スタートしよう!」

ドーム内が暗くなり、まず映《うつ》しだされるのは、貴之《たかゆき》さんとメガスターの歩みを紹介《しょうかい》する映像《えいぞう》です。

子どもの時に熱中したプラネタリウム製作《せいさく》を、ずっと追求してきた貴之《たかゆき》さん。それから世界中の人たちが、あっとおどろくような進化をとげてきたメガスター。

集まった人たちは、興味深《きょうみぶか》く映像《えいぞう》を見ています。

「このスーパーメガスター・Ⅱ《ツー》は、今までのプラネタリウムの星空を、はるかにこえています」

そうアピールしたあと、リヒャルト・シュトラウスの楽曲『ツァラトゥストラはかく語りき』

が流れます。映画《えいが》『二〇〇一年宇宙《うちゅう》の旅』で使われた有名な曲です。壮大《そうだい》な宇宙《うちゅう》を想像《そうぞう》させるのにぴったりだと、貴之《たかゆき》さんが選曲しました。

ドームに曲がひびきわたり、盛《も》りあがったところに無数の星々がうかびあがります。

「おおー」

と、観客席から歓声《かんせい》がわき起こりました。

映《うつ》しだされた星の数は二二〇〇万個《こ》、肉眼《にくがん》では見えにくい暗い星までも、きちんと再現《さいげん》しています。だからこそ奥行《おくゆ》きのある美しい星空になっているのです。まさにこれが、貴之《たかゆき》さんのプラネタリウムのこだわりでした。

人々は配布《はいふ》された簡易双眼鏡《かんいそうがんきょう》を通して、星空を確認《かくにん》します。双眼鏡《そうがんきょう》を使うと、肉眼《にくがん》では見えないほど暗い星の一つひとつまで見ることができます。

「なんて暗い星まで再現《さいげん》したんだ！」

「こんなことをしたプラネタリウムは、初めてだな！」

「これぞまさに、本物の星空じゃないか！」

観客のおどろきが伝わってきます。やがておどろきは、感動に変わっていきました。みんながら、美しい星空によいしれています。

貴之《たかゆき》さんとスタッフたちは、大成功を確信《かくしん》しました。

約二十分の発表が終わると、ドーム内は割《わ》れるような拍手《はくしゅ》につつまれました。

「すごいぞ！」

「すばらしい！」

「ブラボー！」

歓声《かんせい》を聞きながら、昨日は不安げだったスタッフたちが、晴れ晴れとした顔をしています。

その顔を見ながら、貴之《たかゆき》さんは満足そうにほほえみました。

メガスターと大平技研《おおひらぎけん》は、この瞬間《しゅんかん》から世界へ向かっていきます。

1　星空づくり

「ねえ、お母さん。欲《ほ》しい薬品があるんだ。買ってもらえない？」

小学三年生の貴之《たかゆき》くんは、お母さんにたずねました。

「薬品⁉」

お母さんはおどろきます。

これまで貴之《たかゆき》くんが天秤《てんびん》やビーカーなどを欲《ほ》しがることはありましたが、薬品というのは初めてです。

「薬品なんてだめよ、危《あぶ》ないでしょ」

「危《あぶ》なくないよ。どうしても欲《ほ》しいんだ」

貴之《たかゆき》くんは、あきらめません。

「だめなものはだめ、あなたはまだ子どもなのよ」

お母さんは、ゆるしてくれません。

「青写真をつくりたくてね、どうしても必要なの。薬局に売ってるんだけど、薬剤師《やくざいし》のおばさんが、子どもには売れないって……」

青写真は、二種類の薬品さえあればつくれます。特別な設備《せつび》や道具はいらないので、カラー写真や白黒写真よりずっと手軽です。画像《がぞう》が青の濃淡《のうたん》で現《あらわ》れるので、青写真と呼《よ》ばれています。

貴之《たかゆき》くんは、図鑑《ずかん》で青写真のつくり方を見つけて、ぜひ挑戦《ちょうせん》してみたいと思ったのです。

同世代の男の子たちが興味《きょうみ》を持つのはサッカーやゲーム、けれど貴之《たかゆき》くんはちがいます。幼《おさな》い時からずっと紙の工作が得意で、実験してみるのが大好き。植木鉢《うえきばち》でイネを育ててみたこともあります。

成長するにつれ、その関心はだんだん化学の方へ進んでいきました。

化学の実験をはじめると、本格的《ほんかくてき》な実験のための器具が欲《ほ》しくなります。貴之《たかゆき》くんは、そのたびにお母さんに相談してきました。お母さんはたいてい協力的でした。実験や何かをつくろうとしている貴之《たかゆき》くんは、とても楽しそうだったからです。

なのでこれまで、ビーカーやフラスコなどはお母さんが買ってくれました。上皿天秤《うわざらてんびん》は、お年玉やおこづかいをためて自分で買いました。

子どものころの貴之《たかゆき》くん

貴之《たかゆき》くん(左)、お母さん、お兄さんと

貴之《たかゆき》くんとお父さん

（困《こま》ったなあ。自分で買いたくても、おばさんは親の許可《きょか》がなくちゃ売ってくれない……よしっ、やっぱりお母さんを説得するしかない！）

貴之《たかゆき》くんは、ねばることにしました。

「ねえ、買ってよ」

「だめよ。協力してあげたいけど、危《あぶ》ないものはだめ」

お母さんはきっぱり言いきりますが、貴之《たかゆき》くんは根気強く、何度もたのみ続けました。

「あのさー、青写真をつくるための薬品なんだけど」

「いくらがんばっても、だめよ」

そんなやりとりを半年ぐらい続けたある日、ついにお母さんが理解《りかい》を示《しめ》してくれました。

「どうしても欲《ほ》しいのね」

「うん、欲《ほ》しい！」

貴之《たかゆき》くんのまっすぐな目を見て、お母さんは「しかたないわね」と薬局についてきてくれました。

そして、薬剤師《やくざいし》のおばさんに確認《かくにん》しました。

「この子がどうしても欲《ほ》しい薬品があるらしいのですけど、危《あぶ》ない薬ではないのでしょうか？」

薬剤師《やくざいし》のおばさんは困《こま》った顔をして、少し考えてから、貴之《たかゆき》くんにたずねました。

「君《きみ》が欲《ほ》しいのは、なんて名前の薬品だっけ？」

貴之《たかゆき》くんは、はりきって答えます。

「クエン酸鉄《さんてつ》アンモニウムとヘキサシアノ鉄酸《てつさん》カリウムだよ」

おばさんは、さらにたずねました。

「それはどんな薬品で、どんな危険《きけん》がある？」

「まずクエン酸鉄《さんてつ》アンモニウムは……」

貴之《たかゆき》くんは、すらすらと薬品について説明をはじめました。

おばさんは、貴之《たかゆき》くんの説明を最後まで聞くと、大きくうなずきました。

「たいしたもんだわ、それだけ知識《ちしき》があればだいじょうぶね」

「売ってくれるの!?」

貴之《たかゆき》くんが声をはずませると、おばさんは、貴之《たかゆき》くんにではなくお母さんに言いました。

「ただ化学薬品を子どもに売るわけにはいきませんので、お母さんがきちんと管理してあげてください」

「はい、わかりました」

お母さんは薬剤師《やくざいし》のおばさんに約束すると、薬品を買ってくれました。

「ありがとう！」

大喜びする貴之《たかゆき》くんを見て、お母さんとおばさんは目を合わせてほほえみました。


貴之《たかゆき》くんは、いじめられっ子でした。よく服をよごしたり、傷《きず》をつくって帰ってきました。

ある日、貴之《たかゆき》くんがいじめられている現場《げんば》を見たお母さんは、いじめている男の子に、聞きました。

「どうして、貴之《たかゆき》をいじめるの？」

そうすると、男の子はこう答えました。

「だってさ、大平《おおひら》くんを見ていると、いじめたくなるんだよねえ」

貴之《たかゆき》くんは、相手の心を想像《そうぞう》するのが苦手です。だから、みんながわかっていることを一人だけわからなかったり、気づかずにみんなとちがう行動をとってしまいます。時に、思いやりのない言葉で相手を傷《きず》つけてしまうこともありました。

友だちがなかなかできず、さみしそうにしていることが多い貴之《たかゆき》くんを、お母さんは心配していました。けれど、いつもは暗い顔をしている貴之《たかゆき》くんが、ものをつくっている時にはいきいきしています。

（ものづくりをしている時は、幸せそう。つらいことを、忘《わす》れさせてくれるのね）

お母さんはそう思い、貴之《たかゆき》くんのものづくりをますます応援《おうえん》するようになりました。貴之《たかゆき》くんにとってものづくりは、自身をささえてくれる大切な趣味《しゅみ》でした。つくっている時は、つらいことを忘《わす》れて集中できます。

友だちとうまくいかない、忘《わす》れ物が多いなど生活において自信を持てない貴之《たかゆき》くんにとって、好きなことで自信を持つというのはとても大事なこと。自信が自身をささえてくれる、小さな貴之《たかゆき》くんは本能的《ほんのうてき》に感じていました。

そうして、ものづくりのためにどんどん本格的《ほんかくてき》な実験をするようになっていきます。大人が読むような難《むずか》しい本も、興味《きょうみ》があることが書いてあれば、読んでしまいます。酸素《さんそ》や水《すい》素《そ》、蒸留水《じょうりゅうすい》を自分だけでつくったりもしました。

「貴之《たかゆき》、ごはんよー」

お母さんが声をかけても、貴之《たかゆき》くんは部屋から出てきません。熱中すると、ごはんを食べるのも忘《わす》れてしまうほどです。

「まったくもう貴之《たかゆき》は、本の虫ならぬ実験の虫だな」

お父さんはあきれています。

貴之《たかゆき》くんの場合は、朝から晩《ばん》まで頭の中が実験のことでいっぱい。時間さえあれば実験をしていたいので、実験の虫というわけです。

(もっともっと実験したいな。学校にいる時間がもったいない。でも、学校には行かなくちゃいけない)

貴之《たかゆき》くんは、小学校にも実験器具を持っていくことにしました。もちろん、お母さんにも先生にも内緒《ないしょ》です。

その日、貴之《たかゆき》くんが小学校に持っていったのはなんと火薬でした。このところ花火にこっていて、自分で火薬を調合するのに夢中《むちゅう》なのです。

貴之《たかゆき》くんの机《つくえ》の中には、こっそり火薬がしまわれています。

「おい、へんなにおいしない？」

「何か、燃《も》えているみたいなにおい」

「わ、大平《おおひら》くんの机《つくえ》から、けむりが出てるよ！」

教室は大さわぎです。先生はすぐに、貴之《たかゆき》くんの机《つくえ》の中を確認《かくにん》しました。

「これは何だ！　何を持ってきた⁉」

先生は、あわてています。クラスメイトたちもさわぎます。

貴之《たかゆき》くんは答えました。

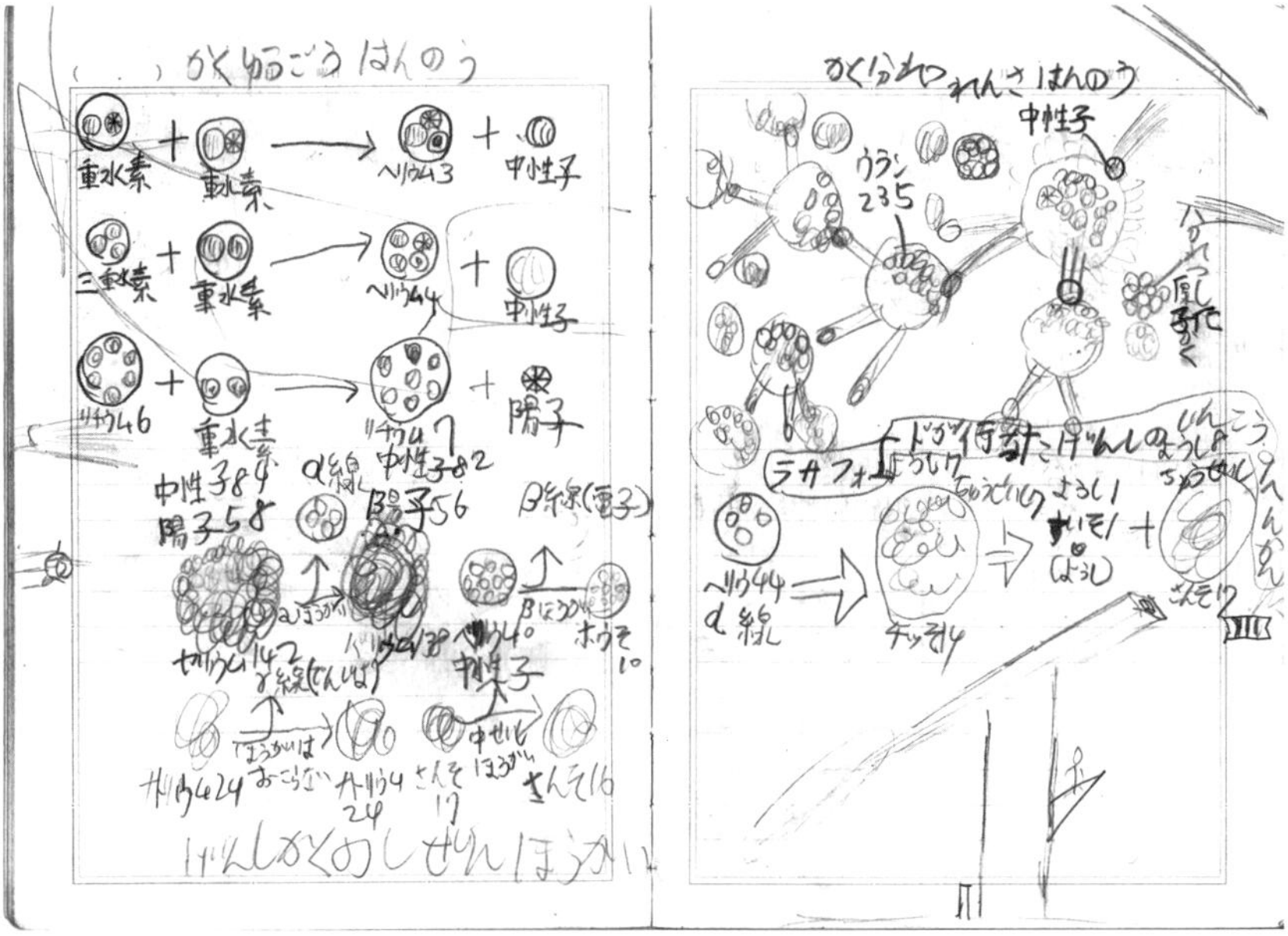

小学四年生の時に書いた貴之《たかゆき》くんの理科ノート

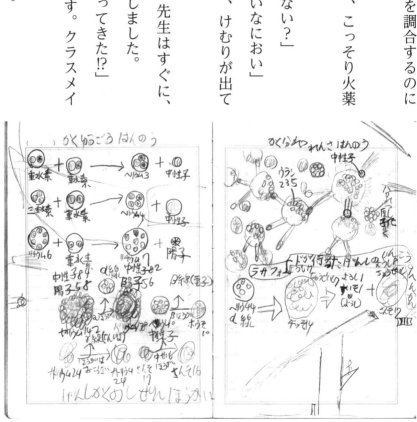

「火薬だよ。あ、でも、これ燃《も》えているけど、爆発《ばくはつ》はしないからだいじょうぶです」

火薬の量を計算して、危《あぶ》なくない程度《ていど》だと貴之《たかゆき》くんはわかっていました。しかし、実際《じっさい》に火が出ているのに、だいじょうぶなわけがありません。

「こらっ、学校にこんな物を持ってきたら、だめだろう！」

火は無事に消えましたが、先生にしっかりしかられました。

「教科書やノート、持ってくるように伝えたハサミなんかは、しょっちゅう忘《わす》れてくるのに。授業《じゅぎょう》に関係ない物は、もう学校に持ってこないこと。いいな」

「はい」

貴之《たかゆき》くんは素直《すなお》にうなずきましたが、家での実験は続けました。

そして、また事件《じけん》を起こしてしまいます。玄関先《げんかんさき》で、火薬が爆発《ばくはつ》したのです。

どんっ！

大きな爆発音《ばくはつおん》とともに、家ががたんとゆれました。

これには、いつもやさしいお母さんがおこりました。

「火薬の実験は禁止《きんし》！」

さすがにこれ以上、続けるわけにいきません。

熱中するものがなくなってしまった貴之《たかゆき》くんですが、火薬実験から関心がうつります。

小学四年生の時、小学校の前にあった文房具店《ぶんぼうぐてん》で、おもしろいものに出合うのです。

その文房具店《ぶんぼうぐてん》には、えんぴつや消しゴムなどの他に、プラモデルや模型《もけい》、それをつくるための道具や材料が売られていました。おもしろいものというのは、夜光塗料《やこうとりょう》でした。

夜光塗料《やこうとりょう》は、暗くなると光る絵の具のようなものです。

(きれいだなあ)

貴之《たかゆき》くんは部屋を暗くして、夜光塗料《やこうとりょう》をぬった紙が光るのをながめます。

(これで星座《せいざ》をつくったら、部屋に星空ができるぞ)

ひらめいたら、すぐ実行です。

貴之《たかゆき》くんは星座《せいざ》の形をちゃんと調べて、夜光塗料《やこうとりょう》をぬった小さな紙を一〇〇〇個《こ》以上も、自分の部屋のかべにはっていきました。

カーテンを閉《し》めて電気を消せば、まるでプラネタリウムのようです。

うれしくなった貴之《たかゆき》くんは、まず家族、それから近所の人や親戚《しんせき》に見せました。すると、

「よくできているわねえ」「すごいわ」とほめてもらえました。

（クラスの子たちに見せれば、喜んでくれるかな）

貴之《たかゆき》くんは、思いました。

火薬さわぎを起こした時には、（大平《おおひら》くんって、やっぱり変な子だね）とあきれられてしまいました。でも、これなら（わー、すごい）と言ってもらえそうです。

そうして貴之《たかゆき》くんは、クラスの子たちを家に招待《しょうたい》することにしました。

「プラネタリウム？」

「星が光るの？」

「きれいなの？」

みんな興味《きょうみ》しんしんです。

「ようこそ、ぼくのプラネタリウムへ！」

部屋の電気を消すと、みんなは期待通りの反応《はんのう》をしてくれました。

「わー、きれい」

「これ、大平《おおひら》くんがつくったんだ、すごいね」

貴之《たかゆき》くんは気分よく、解説《かいせつ》をはじめました。

「これは冬の空です。あれはオリオン座《ざ》、オリオン座《ざ》は……」

手づくりの長い棒《ぼう》で星を指《さ》しながら、話します。星の知識《ちしき》は、天体観測《てんたいかんそく》の手引書で勉強しました。

「ぼく、オリオン座《ざ》知ってる！」

「あれは、何座《なにざ》？」

「へえー、星座《せいざ》っていろいろあるんだね」

クラスの子たちが、次々と貴之《たかゆき》くんに話しかけてくれます。

こんなにみんなと楽しくしゃべったことは、今までありませんでした。

星空がみんなと自分をつないでくれまし

小学生のころの貴之《たかゆき》くん（一番左）

た。貴之《たかゆき》くんは幸せでした。

けれど、その幸せは長くは続きませんでした。手づくりのプラネタリウムに、みんなはすぐにあきてしまったのです。貴之《たかゆき》くん自身も、夜光塗料《やこうとりょう》でつくった星をはっただけの星空では、物足りなくなってきました。

本物の夜空を見上げて、つぶやきます。

「ぼくの部屋の星空と本物じゃ、やっぱりぜんぜんちがう。もっと本物みたいな星空をつくりたいなー」

そして次にチャレンジしたのは、本のふろくのピンホール式プラネタリウムでした。

ピンホール式は紙などに小さな穴《あな》を開け、電球の光をあてて、星を映《うつ》しだす仕組みです。

貴之《たかゆき》くんは、ふろくのミニプラネタリウム工作キットを使い、つくってみることにしました。

型紙《かたがみ》に穴《あな》を開け、それを筒状《つつじょう》にして、豆電球をつけた台座《だいざ》にさし込《こ》みます。

「へえー、簡単《かんたん》だな」

手軽につくることができた星空は、それなりに美しいものでした。型紙《かたがみ》を動かせば、ちが

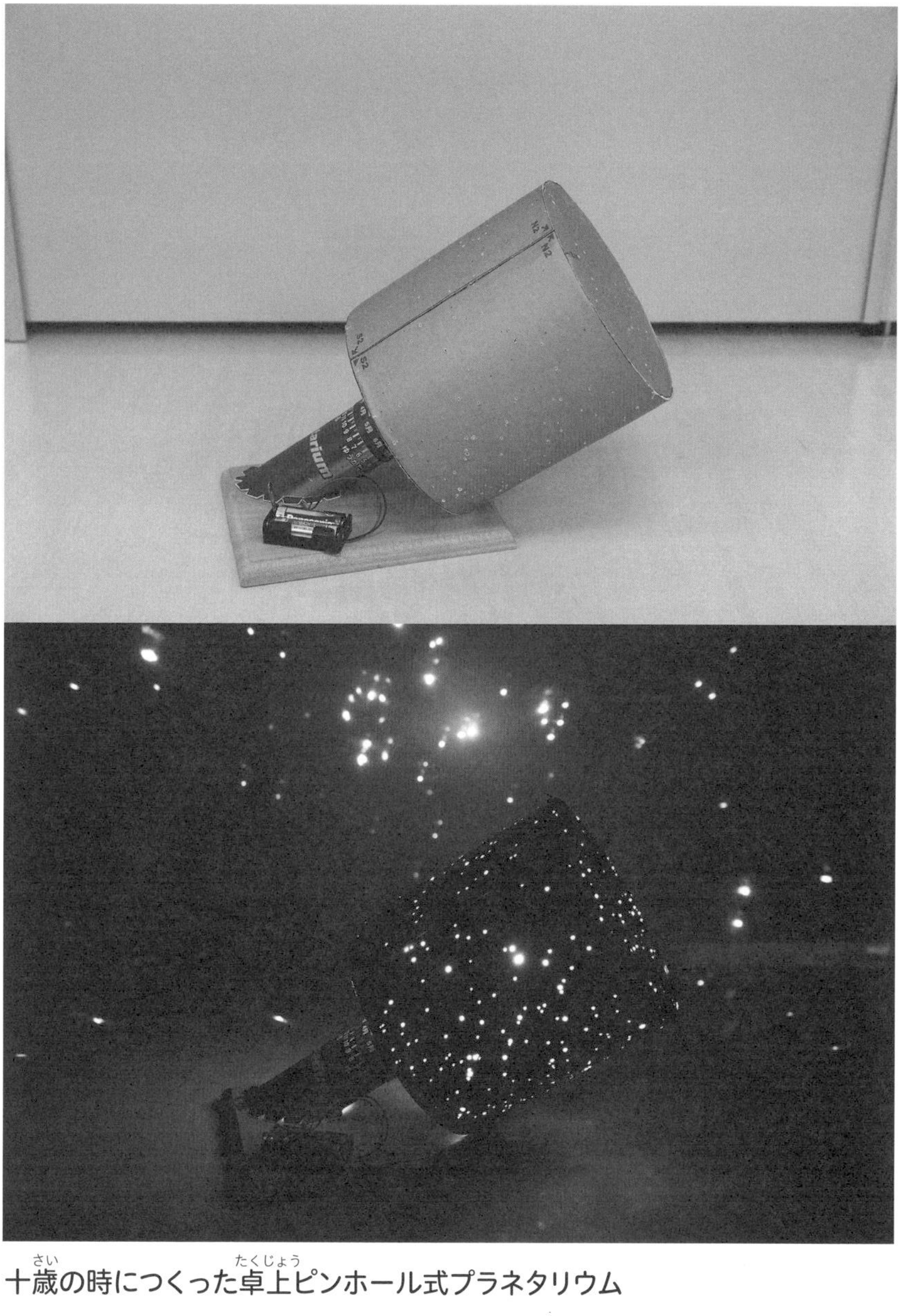

十歳《さい》の時につくった卓上《たくじょう》ピンホール式プラネタリウム

う季節の星空を映《うつ》すこともできます。

でも、貴之《たかゆき》くんは思いました。

（これなら、もっといいのがつくれるぞ）

まず型紙《かたがみ》を、三倍の大きさにしてみました。

すると工作キットのプラネタリウムよりも、星が小さく映《うつ》り、よりきれいになりました。

「よしよし」

貴之《たかゆき》くんは満足して、さらなる改良を試みます。

今度は、北半球用と南半球用の二つの恒星投影機《こうせいとうえいき》（恒星球《こうせいきゅう》）を組み合わせたプラネタリウムづくりに挑戦《ちょうせん》です。緯度《いど》変化もできるように木製《もくせい》の台もつくります。

「これなら、世界中のどこの星空も見ることができるぞ。これがオーストラリアの星空かあ」

南半球にあるオーストラリアの星空は、日本では見ることができません。けれど、プラネタリウムなら可能《かのう》です。貴之《たかゆき》くんは、まだ見たこともない世界各地の星空を自分の部屋に映《うつ》しては、ながめました。

電源《でんげん》も工夫しました。電池だと長持ちせずにすぐ切れてしまうので、直接《ちょくせつ》コンセントにつなげるようにしました。

このころ、貴之《たかゆき》くんの家のとなりに、杉浦《すぎうら》さんご夫婦《ふうふ》が引っこしてきました。

「プラネタリウムをつくっているんだって？」

杉浦《すぎうら》さんは貴之《たかゆき》くんに興味《きょうみ》を示《しめ》し、貴之《たかゆき》くんが、

「一人でつくっているんだ」

と答えたら、こう言ってくれました。

「たいしたもんだ。ぼくで力になれることがあれば、いつでも聞きにおいで」

杉浦《すぎうら》さんはカメラメーカーのエンジニアで、偶然《ぐうぜん》にも星好きだったのです。

杉浦《すぎうら》さんの奥《おく》さんも、「いつでも家に遊びにいらっしゃい」と声をかけてくれました。

その言葉にあまえて、レンズのことや三脚《さんきゃく》のつくり方など、貴之《たかゆき》くんは杉浦《すぎうら》さんに、どんどん相談しに行きました。

「やりたいようにやってごらん」

それが杉浦《すぎうら》さんの口ぐせ。貴之《たかゆき》くんが自分で答えを導《みちび》きだせるように、杉浦《すぎうら》さんはいつものんびりつきあってくれました。

ものづくりは、ああでもないこうでもないと考えながらやってみるのが楽しいということを、杉浦《すぎうら》さんはわかっていました。

大人が子どもに答えや近道を教えてしまうのは、子どもの楽しみをうばうことになります。失敗するのも大切な経験《けいけん》ですし、失敗を重ねたうえで、自分の力でつかむ成功にこそ意味があります。

けれど知識《ちしき》は、おしみなくあたえてくれました。プラネタリウム製作《せいさく》には、電気の知識《ちしき》も必要になってきます。貴之《たかゆき》くんは、電気のことはあまり得意ではありませんでした。でも、杉浦《すぎうら》さんが親切に教えてくれたことで、おもしろいと思えるようになりました。

プラネタリウムをつくるには、いろんなことがわかっていなくてはいけません。学ぶことはたくさんあります。

2　レンズが欲《ほ》しい！

小学六年生になっても、貴之《たかゆき》くんは他とは少しちがった子どもでした。忘《わす》れ物が多く、片付《かたづ》けが苦手。あいかわらず他人の心をうまく想像《そうぞう》することができません。けれど、理科と図工は得意です。

ある日、校長先生の特別授業《とくべつじゅぎょう》がありました。科目は理科です。授業《じゅぎょう》が楽しかった貴之《たかゆき》くんは、もっと校長先生と話してみたくて、授業《じゅぎょう》が終わったあと、たくさん質問《しつもん》をしました。

校長先生は、貴之《たかゆき》くんの質問《しつもん》に一つひとつていねいに答えてくれました。そして、

「大平《おおひら》くんは、よく勉強しているね」

と、ほめてくれました。貴之《たかゆき》くんはさらに、プラネタリウムに興味《きょうみ》があることを話しました。すると校長先生は、またほめてくれました。

「へえ、それはすてきなことだね」

「ぼく、より本物に近い星空をつくりたいんです。でも、うまくいかなくて」

貴之《たかゆき》くんがプラネタリウムのつくり方についてのアドバイスを求めると、校長先生はちょっと考えてから、にこっと笑いました。

「それなら、会ってみるといい人がいるよ」

そうして校長先生が紹介《しょうかい》してくれたのが、川崎《かわさき》市青少年科学館（二〇一二年より通称《つうしょう》かわさき宙《そら》と緑の科学館）の若宮崇令《わかみやたかのり》さんでした。

川崎《かわさき》市青少年科学館は、貴之《たかゆき》くんの家から歩いて三十分ほどで行ける所にあります。

貴之《たかゆき》くんは、すぐ若宮《わかみや》さんに電話をかけました。

「お話を聞きに、行かせてもらっていいですか？」

「もちろん」

若宮《わかみや》さんは、こころよく貴之《たかゆき》くんを受け入れてくれました。

川崎《かわさき》市青少年科学館のプラネタリウムには、貴之《たかゆき》くんはこれまでも訪《おとず》れたことがありました。

プラネタリウムのいすに座《すわ》ると、いつもわくわくします。解説《かいせつ》のアナウンスが流れ、場内の照明が落ちると、星空が現《あらわ》れます。

真っ暗な夜空に、無数の星々がうかびあがります。場内は静かですが、お客さんは心の中で（うわあー）と歓声《かんせい》をあげています。

よく見ると、星はそれぞれ明るさや色が異《こと》なり、赤や青白い星もあります。本物とそっくりの星空。

他のお客さんは、星の美しさにうっとりしていますが、貴之《たかゆき》くんはちがいます。

（どうやったら、こんな星空をつくれるんだろうな）

ずっと、それぱかり考えていました。

投影《とうえい》が終わったあと、貴之《たかゆき》くんは若宮《わかみや》さんに会いました。

「コンソールを見てみるかい？」

若宮《わかみや》さんの提案《ていあん》に、貴之《たかゆき》くんは目をかがやかせます。

「はいっ」

コンソールというのは、プラネタリウム投影機《とうえいき》の操作席《そうさせき》のことです。操作《そうさ》する機械を見せてもらえるなんて、貴重《きちょう》なことです。

若宮《わかみや》さんは、お客さんのいなくなったドームに貴之《たかゆき》くんを招《まね》き入れ、コンソールに座《すわ》らせてくれました。

コンソールでの指示《しじ》がプラネタリウム投影機《とうえいき》に伝わり、ドームに星空が映《うつ》しだされます。

「これを動かすと、ほら、だんだんドームの中が暗くなる。アナウンスは、このマイクでするんだよ」

若宮《わかみや》さんは機械を動かしながら、ていねいに教えてくれました。

(ここに座《すわ》れば、星空を自由自在《じゆうじざい》にあやつれるんだ。すごいなあ)

貴之《たかゆき》くんはすっかり感激《かんげき》し、時間がたつのを忘《わす》れて機械を操作《そうさ》しました。

「そんなに楽しいなら、将来《しょうらい》、科学館に勤《つと》めるかい?」

若宮《わかみや》さんの言葉に、貴之《たかゆき》くんは首をふりました。

「ううん。ぼくは、プラネタリウムをつくりたいんです!」

「なるほど、あははは」

若宮《わかみや》さんはやさしく笑い、指さしました。

「じゃあ、あれをつくらなくちゃ」

若宮《わかみや》さんが指さしたのは、プラネタリウム投影機《とうえいき》です。

プラネタリウムには、レンズがたくさんついていて、まるで大きな生き物のようでした。

（こんなの、どうやってつくるんだろう。ぼくにつくれるかな。ああ、でもつくってみたい！）

貴之《たかゆき》くんは真剣《しんけん》なまなざしで、大きな生き物を見あげます。

「楽しみにしてるよ、君《きみ》のプラネタリウム」

さらに、若宮《わかみや》さんは、貴之《たかゆき》くんにこんなことを言いました。

「このプラネタリウムは、惑星《わくせい》を映《うつ》すために、串《くし》だんごのような形をしているけれど、惑星《わくせい》を映《うつ》す装置《そうち》が、別々に分かれていて、コンピュータでコントロールするものも開発されているんだよ」

貴之《たかゆき》くんには、少し難《むずか》しくて意味がわからない内容《ないよう》もありましたが、プラネタリウムはまだ進化していることを感じ、未来のことを考えてますますわくわくしました。

のちにこの川崎《かわさき》市青少年科学館の館長、それから日本プラネタリウム協会（現在《げんざい》は日本プラネタリウム協議会に合流）の会長にもなる若宮《わかみや》さんは、貴之《たかゆき》くんのプラネタリウムづくりを、この先も応援《おうえん》してくれることになります。

科学館のプラネタリウムで見た星空をめざして、貴之《たかゆき》くんはさらに本格的《ほんかくてき》なものをつくりたいと考えるようになりました。

(どうやったら、あの星空みたいに映《うつ》しだせるだろう)

いろいろ工夫して、工作キットよりはきれいに映《うつ》るようになったとはいえ、ピンホール式プラネタリウムの星空は、やはりぼんやりしています。

小学生がつくったにしてはうまくできていても、科学館のプラネタリウムとは天と地ほどの差があります。

決定的なちがいは、科学館のプラネタリウムはレンズ式であるということです。つまりレンズを使わなければ、くっきりと星を映《うつ》すことはできないのです。

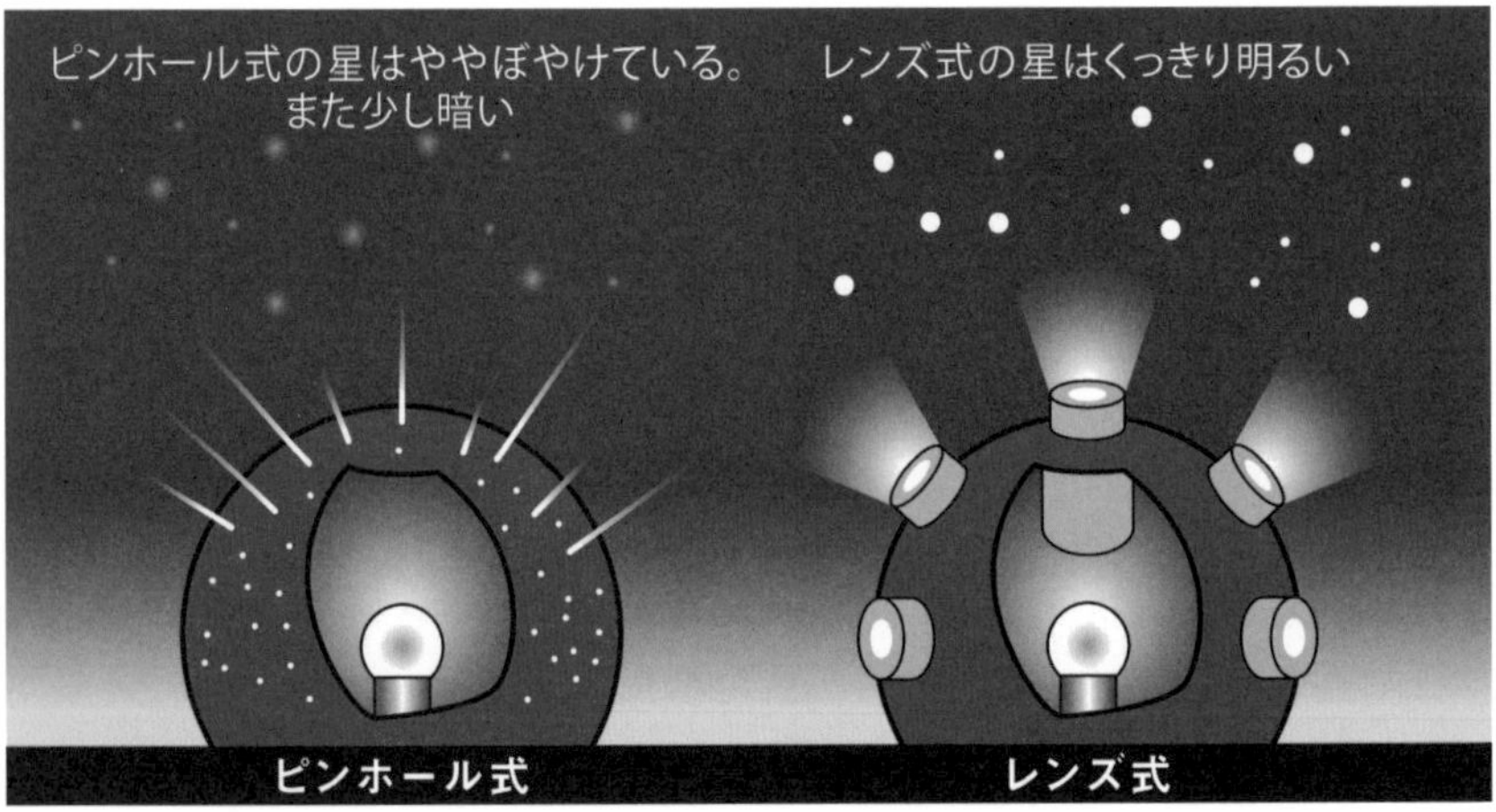

ピンホール式とレンズ式プラネタリウムのちがい

「よしっ、レンズ式プラネタリウムにチャレンジしよう！」

貴之《たかゆき》くんは、やる気満々でした。

けれどレンズ式は、ピンホール式よりもぐっと構造《こうぞう》が複雑《ふくざつ》になります。小学六年生になっていた貴之《たかゆき》くんは、その仕組みを本で勉強しはじめました。


「うーん、恒星原板《こうせいげんばん》とレンズだな」

貴之《たかゆき》くんはうで組みして、考えます。

恒星原板《こうせいげんばん》というのは、星空の映像《えいぞう》をつくるもとです。恒星原板《こうせいげんばん》に開いた無数の小さな穴《あな》から通る光が、レンズを通して投影《とうえい》され、星空になります。

恒星原板《こうせいげんばん》は、お母さんが料理の時に使うアルミホイルに針《はり》で穴《あな》を開けるなど、工夫すればつくれそうだと貴之《たかゆき》くんは思いました。

けれどレンズに代わるものは、いくら考えてもありません。しかもレンズは、一枚《まい》では足りません。何十枚《まい》もいるのです。

レンズ式のプラネタリウムは、いくつもの恒星原板《こうせいげんばん》とレンズのセットで星空全体を投影《とうえい》する仕組みです。そんなにたくさんのレンズを、小学生のおこづかいで買い集めるのは無理です。

お母さんにたのみこめば、買ってくれるかもしれません。けれど、レンズは高価《こうか》です。なるべく親に負担《ふたん》をかけたくないと、貴之《たかゆき》くんは思いました。

(安く買える所を探《さが》してみよう。いや、それより子どもに売ってくれるかな)

さて、どうやってそんな会社を探《さが》せばいいのでしょう。

ひらめいたのは電話帳でした。レンズをあつかっている会社のページを開き、片《かた》っぱしから電話をかけてみる作戦です。

「あの、ぼくは、レンズ式のプラネタリウムをつくりたいと思っています。それで、レンズを売ってもらえませんか?」

小学生からのいきなりの電話に、冷たい対応《たいおう》をする会社もありました。

「は?　だめだめ」

「お父さんかお母さんに相談して、ちゃんとした料金で注文してもらえるかな」

「うちのレンズは、子どもが遊びで使うようなものじゃないよ」

やっと話を好意的に聞いてくれる会社があっても、

「協力してあげたいけど、ごめんね」

「安くは、できないんだよねえ」

と、断《ことわ》られてしまいます。

貴之《たかゆき》くんはがっかりしつつも、あきらめることなく電話をかけ続けました。

まだ全部の会社に断《ことわ》られたわけではありません。目標を持つとどんなに困難《こんなん》でも、ひたすらまっすぐにつき進むのが、貴之《たかゆき》くんのいいところです。

そして、ある会社の工場に電話をかけた時、ついにいい返事をもらえます。

「うちには君《きみ》に売れるようなレンズはないけど、そういうことなら……余《あま》っているレンズがあるから、分けてあげるよ。取りにおいで」

「うわあ、ありがとうございます！」

貴之《たかゆき》くんは、その会社の工場へ飛んで行きました。

工場の人は、貴之《たかゆき》くんを温かくむかえてくれました。

「こんなので、いいのかい」

さまざまなレンズを目の前にして、貴之《たかゆき》くんは感激《かんげき》しました。

「本当にもらっても、いいんですか？」

たずねると、工場の人はやさしく、

「あはは、そのために来たんだろう。余《あま》ってるやつとか、検査《けんさ》落ちのレンズだからさ。どうぞ、好きなだけ持っていけばいいよ」

と、笑いました。

「ありがとうございます！」

貴之《たかゆき》くんは、レンズをいっぱいつめたふくろをかかえて、おじぎをしました。


家に帰ると、さっそく実験開始です。

恒星原板《こうせいげんばん》は、アルミホイルに針《はり》で穴《あな》を開

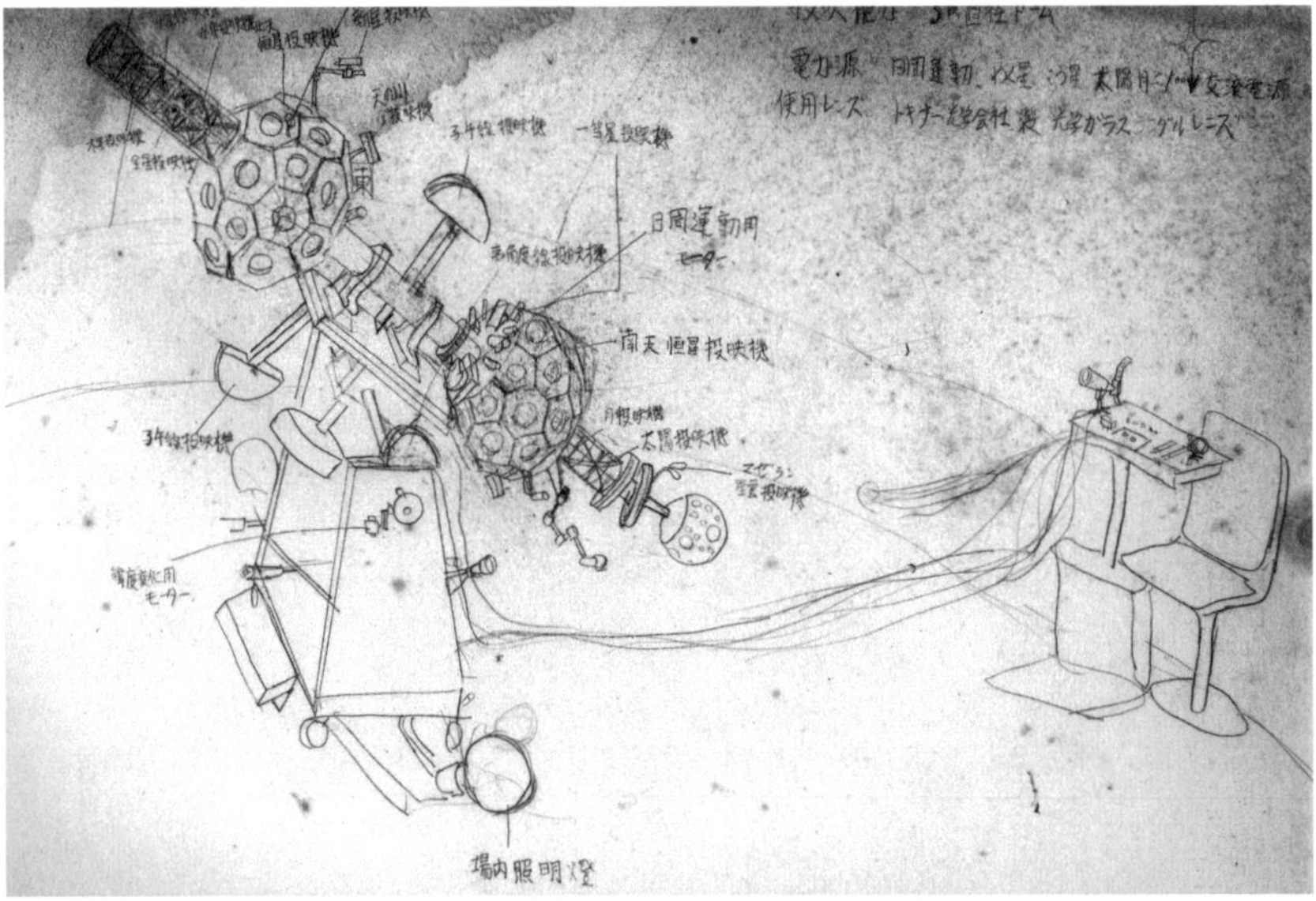

小学六年生の時に描《か》いたレンズ式プラネタリウムの設計図《せっけいず》

けてつくりました。手づくりの恒星原板《こうせいげんばん》と、分けてもらったさまざまなレンズを組み合わせて、投影《とうえい》してみます。期待に胸《むね》をおどらせながら実験しました。

しかし、どの組み合わせでも、星はぼんやりとしか映《うつ》りません。

いろいろ試してみましたが、なかなか焦点《しょうてん》が合わないのです。

「うーん」

くっきりきれいに映《うつ》る星もありますが、どうしてもぼんやり映《うつ》ってしまう星もあります。

プラネタリウムでは、すべての星がきれいに映《うつ》らなければだめです。

貴之《たかゆき》くんはくやしくて、ねばり強く何度も試行錯誤《しこうさくご》をくり返しました。

けれど納得《なっとく》のいくレンズ式プラネタリウムは、まだ小学生の貴之《たかゆき》くんにつくれるものではありませんでした。

貴之《たかゆき》くんが再《ふたた》びレンズ式プラネタリウム製作《せいさく》に取り組むのは、もう少し先のことになります。

3　文化祭でのプラネタリウム

中学校に進学した貴之《たかゆき》くんは、しばらくプラネタリウムづくりからはなれます。プラネタリウムづくりに、あきてしまったわけではありません。アニメーション作成に興《きょう》味《み》を持ったのです。自分でシナリオをつくり、大量のセル画も描《か》きあげました。

それから他にも、熱中することが……。

同じように化学が好きなクラスメイトに出会い、競争しながら、あることに打ち込《こ》みます。それはロケットを飛ばすことでした。

小学校での火薬発火さわぎや家での爆発事故《ばくはつじこ》から、火薬をあつかうのは家族によく思われていませんでしたが、こりずにまたはじめたわけです。

もともと花火に興味《きょうみ》があったのがはじまりでした。線香花火《せんこうはなび》からもう少し火薬の量が多い手持ち花火、噴出《ふんしゅつ》花火、そのうちロケット花火をつくりたいと思うようになりました。それがどんどん進化して、ロケットにたどりついたのです。

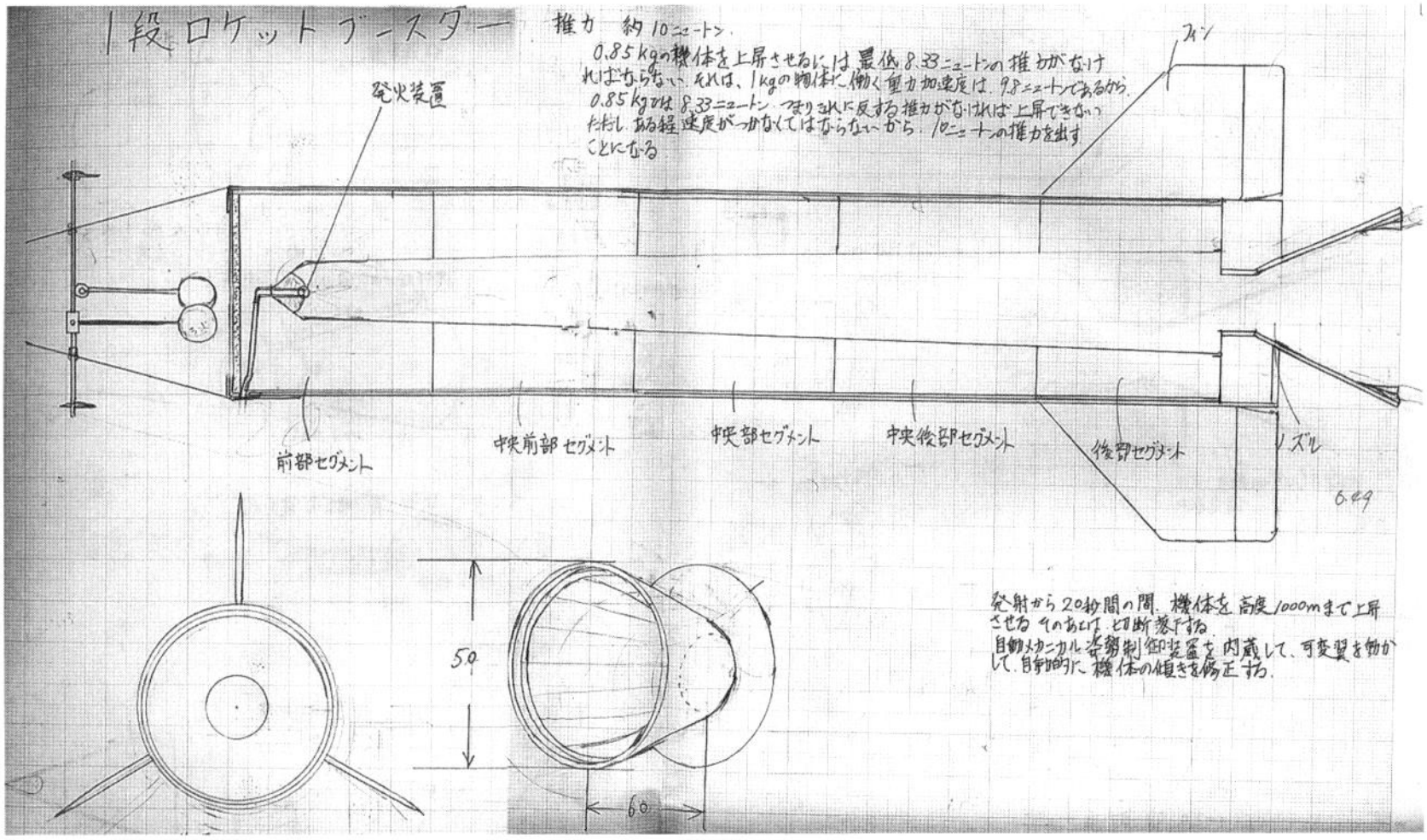

中学生の時に描《か》いた1段式《だんしき》ロケットの設計図《せっけいず》

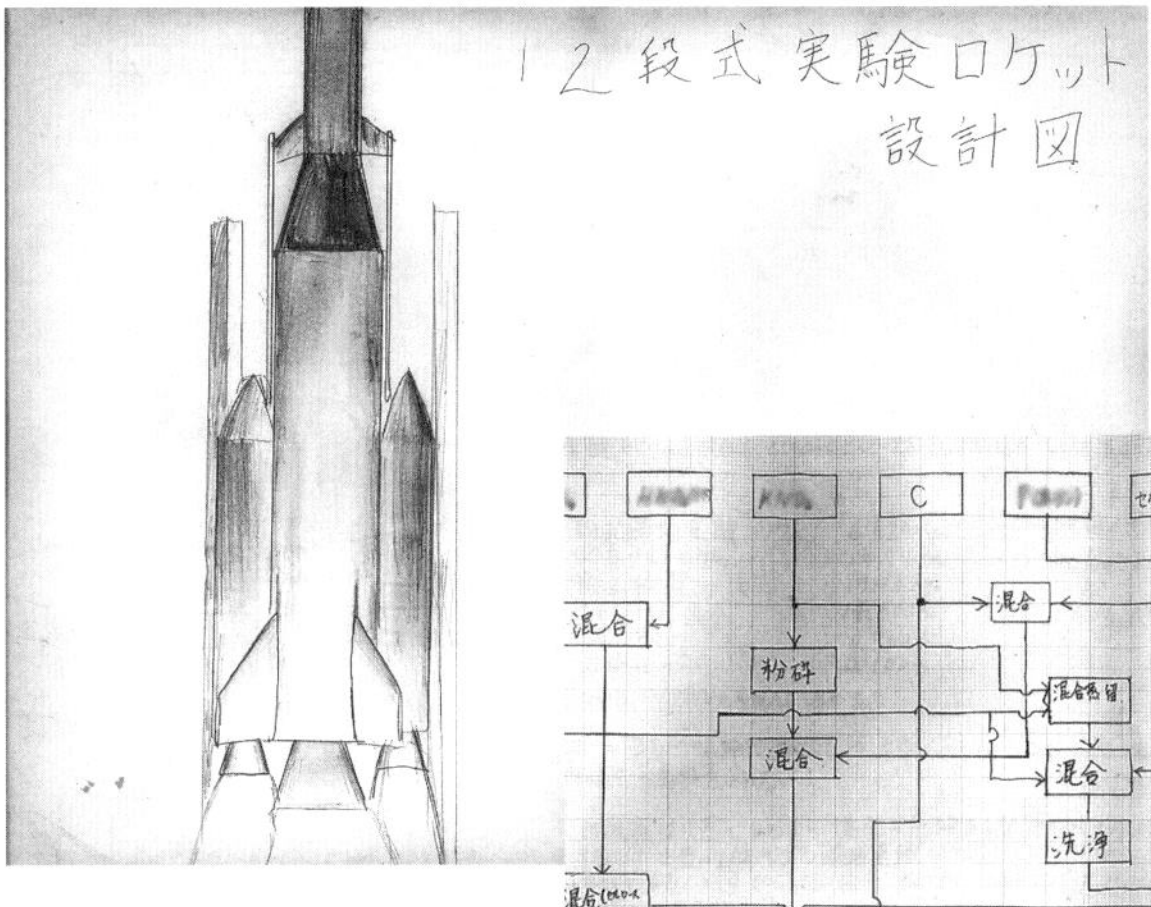

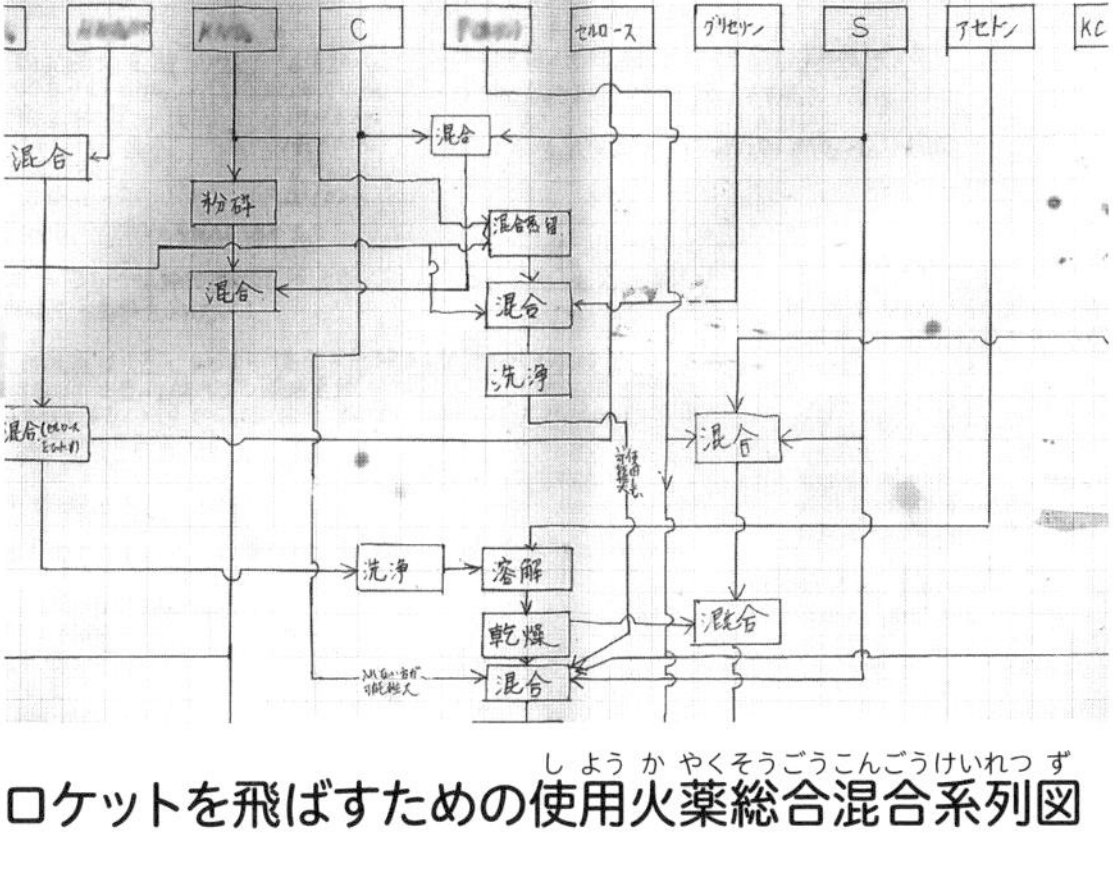

ロケットを飛ばすための使用《しよう》火薬《かやく》総合《そうごう》混合《こんごう》系列図《けいれつず》

ロケットづくりは難《むずか》しく、勢《いきお》いよく地面をはねまわりはするものの、空に飛ばすことはなかなかできませんでした。

貴之《たかゆき》くんはクラスメイトに負けまいと、試行錯誤《しこうさくご》をくり返しました。

いじめられっ子で孤独《こどく》だった少年は、化学を通して友だちを得ることができました。

そして中学二年生の夏、貴之《たかゆき》くんのつくったロケットはついに飛びあがり、大空に向かっていきました。

「やったあ！」

感動が込《こ》みあげてきます。ぐんぐん高く飛んで行くロケットを、貴之《たかゆき》くんはいつまでも見ていました。

楽しいロケットの飛ばしあい競争でしたが、やはり火薬をあつかうのは危険《きけん》なことです。進化すればするほどロケット本体は大きくなり、火薬の量も増《ふ》えていきました。

ある日、ふと貴之《たかゆき》くんがつぶやきました。

「もしこんな大きなロケットが爆発《ばくはつ》したら……大さわぎになるよな」

小学生の時に、学校で火薬が発火し大さわぎになったことや、家で爆発《ばくはつ》を起こして、お母さんにひどくおこられたことが頭にうかびます。今やろうとしているロケット実験は、あれよりもずっと大きな爆発《ばくはつ》を起こすでしょう。

友だちは、顔をこわばらせます。

「うん。もし民家にロケットが落ちたら、その家の人に迷惑《めいわく》かけちゃうだろうね」

「そうなったら、大変だよな」

二人はぞっとして、中学生が実験する限界《げんかい》を感じました。

ちょうど高校受験のことを考える時期でもあり、ロケットづくりはやめて、勉強に集中しようということになりました。


やがて無事に希望校に合格《ごうかく》した中学三年生の貴之《たかゆき》くんは、プラネタリウムづくりを再開《さいかい》します。

プラネタリウムならロケットのように危《あぶ》なくないですし、小学生の時、みんなが喜んでくれた記憶《きおく》がよみがえりました。

「今度は模型《もけい》でなく、ちゃんとしたマシン（機械）をつくるぞ」

太陽や惑星《わくせい》、朝焼けや夕焼けなども映《うつ》しだす、しかも電動でコントロールができる、そんな投影機《とうえいき》をつくりたい。

完成想像図《かんせいそうぞうず》を何度も描《か》き直しながら、貴之《たかゆき》くんは高校に進学しました。


高校生になると、迷《まよ》わず天文班《てんもんはん》がある物理部に入部しました。

これまで、プラネタリウムの製作《せいさく》は、ほぼ一人で行ってきましたが、部に入ればいっしょにつくる仲間ができます。いろいろな機材や道具も自由に使えます。

「ぼくは、ずっとプラネタリウムをつくっていまして」

貴之《たかゆき》くんが話すと、先輩《せんぱい》は、

「それなら、文化祭の発表作品にしてみる?」

と、聞いてきました。

「やってみたいです!」

貴之《たかゆき》くんは、はりきって答えました。

より本格的《ほんかくてき》なプラネタリウムづくりのスタートです。

「レンズ式と言いたいところだけど、それはハードルが高いので、現実的《げんじつてき》なことを考えてピンホール式にします」

貴之《たかゆき》くんは、プランを部員たちに説明しました。

ピンホール式といっても、レベルの高いプラネタリウムにするつもりです。まず穴開け機《あなあき》をつくりました。黒いラシャ紙(色画用紙)に星を映《うつ》しだす小さな穴《あな》を開けるための機械です。

星の穴《あな》の位置を書いた型紙《かたがみ》を作成し、それをラシャ紙に重ね、穴《あな》を開けていきます。

「こりゃ、すごい」

「早く投影《とうえい》してみたいね」

部員たちは、穴《あな》の開いたラシャ紙をながめました。

ラシャ紙には、たくさんの穴《あな》が開いています。穴《あな》の数は六三〇〇個《こ》、六等星まで映《うつ》しだす計画です。

六三〇〇個《こ》の恒星《こうせい》を映《うつ》しだす恒星投影機《こうせいとうえいき》(恒星球《こうせいきゅう》)は、木でつくった骨格《こっかく》にラシャ紙をはって製作《せいさく》しました。

そして、文化祭当日。

直径三メートルのドームの中に、お客さんが次々と入っていきます。

ドーム内を暗くし、いよいよ投影《とうえい》スタート。星空の雰囲気《ふんいき》に合う音楽を流し、ゆっくりと星の解説《かいせつ》をはじめます。

解説《かいせつ》は、貴之《たかゆき》くんが担当《たんとう》しました。

「いやあ、よくできてたね」

「たいしたもんだ」

集まったお客さんや物理部天文班《てんもんはん》の先輩《せんぱい》たちが、ほめてくれました。大成功でした。

仲間と試行錯誤《しこうさくご》して製作《せいさく》したプラネタリウムを、みんなが喜んでくれたのです。達成感はありました。けれど貴之《たかゆき》くんは、まだ満足していません。

（紙に針《はり》で穴《あな》を開けるんじゃ、つぶれてしまった穴《あな》があって、いまいちだったな）

もっとクリアに一つひとつの星を映《うつ》しだしたい。どう改良すればいいだろう。頭の中は、

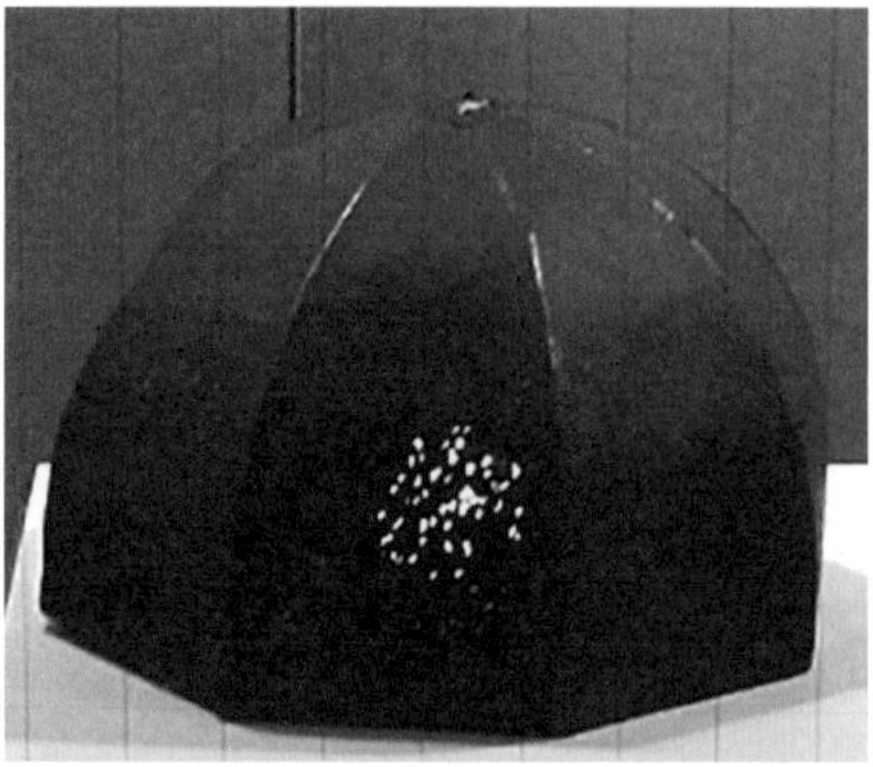

プラネタリウム１号機
ピンホール式投影機《とうえいき》（投影《とうえい》星数6,300個《こ》）

そのことでいっぱいでした。

一九八六年、高校二年生の春。

貴之《たかゆき》くんは、高校の仲間たちとオーストラリア旅行をすることになりました。およそ七十六年に一度しか見ることのできないハレー彗星《すいせい》が目的でした。

日本からでも見ることはできたのですが、南半球にあるオーストラリアの方が、より空高く見えるのです。けれど当時、海外旅行はかなりぜいたくなことでした。高校の授業《じゅぎょう》も休まなくてはなりません。

(行きたいけど、無理だよなあ)

そう思っていた貴之《たかゆき》くんの背中《せなか》をおしてくれたのは、お母さんでした。

「いい経験《けいけん》になるはずよ。きっと貴之《たかゆき》の将来《しょうらい》につながる何かになるわ」

お母さんは、自分が働いて貯めたお金で高い旅行費用を用意し、送りだしてくれました。

オーストラリアのシドニー近くの小さな町で、貴之《たかゆき》くんたちはじっと夜になるのを待ちました。

太陽がしずみ、だんだん暗くなっていく空をどきどきしながら見あげます。

まもなく真っ暗になった夜空に現《あらわ》れたのは、見たこともないような星空でした。

南半球でしか見ることのできない星々が、キラキラとまたたいています。

「うわー」

仲間たちが歓声《かんせい》をあげます。

「すごいなー」

貴之《たかゆき》くんを感動させたのは、天空を二つに分けるように流れる天の川でした。

日本では地平線近くにあり、町の明かりのせいで、あまりよく見えない天の川の中心部分が、空高くにくっきりうかんでいます。

天の川は、空にかかるもやではありません。無数の星々の集合体です。まわりに明かりがなく、空気のすんでいるオーストラリアのこの町では、それがよくわかりました。

明るさや大きさの異《こと》なるはてしない数の星たちが、天の川の濃淡《のうたん》をつくっています。本物の星空の迫力《はくりょく》に圧倒《あっとう》されたこの体験は、その後のプラネタリウム製作《せいさく》の芯《しん》となるのでした。

日本に帰ってくると、また秋の文化祭に向けて準備《じゅんび》がはじまりました。

去年をこえるプラネタリウムをつくってみせると、貴之《たかゆき》くんは心にちかっていました。

「紙に穴《あな》を開けるんじゃなくて、他の素材《そざい》を探《さが》そう」

部員たちが提案《ていあん》します。

「何がいいかな、プラスチック板？」

「うん、それなら穴《あな》がつぶれないね」

けれど、プラスチック板には厚《あつ》みがあるため、光がななめに入ると、小さな星が消えてしまう可能性《かのうせい》があります。

「もっとうすいものがいいよな」

貴之《たかゆき》くんは、言いました。

「穴《あな》がつぶれなくて、うすい素材《そざい》か……」

部員たちは、頭をかかえます。

貴之《たかゆき》くんにも、その答えはわかりません。

貴之《たかゆき》くんの頭の中は、朝も昼も夜もそのことで、いっぱいになりました。

（穴《あな》がつぶれなくて、うすい素材《そざい》……きっといいものがあるはずなんだよなあ）

考え続けた結果、貴之《たかゆき》くんはふと思いつきました。

（もしかして、穴《あな》を開けなくてもいいんじゃないかな）

穴《あな》をつぶさないように開けることばかり考えていましたが、目的は星をきれいに映《うつ》しだすことです。

そこにアドバイスをくれたのは、となりに住む杉浦《すぎうら》さんでした。子どもの時から親切に電気や星のことを教えてくれる杉浦《すぎうら》さんに、貴之《たかゆき》くんは今でもたびたび相談していました。

「写真フィルムなんてどうだろうね」

杉浦《すぎうら》さんの言葉に、貴之《たかゆき》くんは目をかがやかせました。

「なるほど、その手があったか。写真フィルムに焼き付けてみよう！」

貴之《たかゆき》くんは、小学生の時に青写真をつくってみたことをきっかけに、写真の焼き付けもできました。ひらめいたのは、これまでの経験《けいけん》があったからです。

さっそく、写真フィルムで試してみました。

けれど写真フィルムでは、星となる明るい部分は完全な透明《とうめい》にならず、夜空となる暗い部分は真っ黒になりません。

なかなかうまくいかず、部員たちはあきらめぎみです。

「これなら、去年の紙に穴《あな》を開ける方がいいね。しかたない、今年もあれでいく？」

「ちょ、ちょっと待ってよ！」

貴之《たかゆき》くんは、まだそんな気になれません。

（フィルムにもいろいろあるはずだ。聞いてみよう）

目的のためには、積極的になれます。小学生の時、レンズが欲《ほ》しくて、電話帳を広げて片《かた》っぱしから電話をかけた実行力で、今度は写真フィルムの会社に相談してみることにしました。

「すみません、おたずねしたいことがあるのですが」

事情《じじょう》を話すと、担当者《たんとうしゃ》は親切に対応《たいおう》してくれました。

「それなら、リスフィルムはどうでしょう。大きなカメラショップで売っていますよ」

「ありがとうございます、試してみます！」

貴之《たかゆき》くんは声をはずませて、電話を切りました。

写真フィルムは、色や明るさを濃淡《のうたん》で表現《ひょうげん》します。そのため、貴之《たかゆき》くんたちの実験では、白部分も黒部分もぼんやりしていました。

一方、リスフィルムは、白か黒で表現《ひょうげん》します。だから、星として白くしたい部分はほぼ透明《とうめい》に、夜空として黒くしたい部分はかなり濃《こ》い黒にできるのです。

貴之《たかゆき》くんはすぐに、キャビネサイズ（一三〇×一八〇ミリ）百枚《まい》入りのリスフィルムを手に入れました。六千円ほどしましたが、小学生の時のように、無料で分けてもらうわけにはいきませんから、おこづかいをはたいて買いました。

「これなら、穴《あな》を開けたのと同じような星空がつくれるはずだよ」

貴之《たかゆき》くんは、部員たちにリスフィルムを見せ、恒星投影機《こうせいとうえいき》づくりにとりかかりました。

針《はり》で穴《あな》を開ける代わりに、製図用《せいずよう》のペンで星となる点を透明《とうめい》フィルムに描《か》いていきます。

そして、青写真のような方法で星を焼き付けました。

「せっかくだし、星の数を増《ふ》やそうと思うんだ」

貴之《たかゆき》くんが提案《ていあん》すると、すぐに他の部員たちもその提案《ていあん》にのりました。

「いいね、賛成《さんせい》！」

去年は六三〇〇個《こ》でしたが、なんと今年は一万六〇〇〇個《こ》にしようということに。

かくして貴之《たかゆき》くんは、星図をながめながら、一万六〇〇〇個《こ》の星となる点を描《か》く作業にもくもくとはげみました。

秋になり、物理部天文班《てんもんはん》のプラネタリウムを、いよいよ文化祭で発表する日がやってきました。

会場となる教室の天井《てんじょう》から直径三メートルのドームをつるし、その中に努力の結晶《けっしょう》であるプラネタリウム投影機《とうえいき》を設置《せっち》。一度に入れるのは十人ほどの、小さなプラネタリウムです。

自分たちで選んだ音楽を流しながら、貴之《たかゆき》くんは自作したシナリオを使って、自ら投影《とうえい》のたびに解説《かいせつ》をしました。

「すごくきれいだった！」

訪《おとず》れた人たちが、心からそう言ってくれました。

「いやあ、よくやったな」

「去年より、ずいぶん進化したじゃないか」

先輩《せんぱい》たちにもほめてもらい、貴之《たかゆき》くんも部員のみんなも、努力が報《むく》われたのでした。

プラネタリウム2号機

リスフィルム式投影機《とうえいき》（投影《とうえい》星数16,000個《こ》）

4　新たな挑戦《ちょうせん》

高校三年生になった貴之《たかゆき》さんは、さらなる構想《こうそう》をいだくようになります。

(もっと大きなドームに、もっと美しい星空を映《うつ》しだしたいな)

高校一年生、二年生でつくったプラネタリウムのドームの直径は三メートルでした。客席は一列で十席ほどです。

(せめて二列並《なら》べたい、直径は倍の六メートルは欲《ほ》しいな)

客席を一列しかつくれない原因《げんいん》は、投影機《とうえいき》の大きさにもありました。リスフィルムを使うことにより、たくさんの星をよりクリアに映《うつ》しだすように改良されたのですが、その投影機《とうえいき》はずいぶん大きくなってしまいました。

月や木星、土星などの惑星《わくせい》を映《うつ》しだす補助投影機《ほじょとうえいき》を導入《どうにゅう》したくても、場所がありません。ドームを大きくすることは、それほど難《むずか》しいことではないように思えました。問題は、もっと美しい星空を映《うつ》しだすことです。

（オーストラリアで見たあの星空を、再現《さいげん》してみたいなあ）

そのためにどうしようかと考えると頭にうかぶのは、小学生の時に挑戦《ちょうせん》したけれどあきらめたもの。そう、レンズ式プラネタリウムでした。

ピンホール式をいくら進化させても、レンズ式のシャープでクリアな星空には、とてもかないません。

（知識《ちしき》も経験《けいけん》も、子どもの時よりはある。お金だって、アルバイトをすればかせげるから、材料費もなんとかなる。今ならレンズ式に、もう一度挑戦《ちょうせん》できるかもしれないぞ）

貴之《たかゆき》さんの心に、むくむくとレンズ式への思いがふくらんできます。

けれども、レンズ式プラネタリウムをアマチュアがつくったという前例はありません。

それがいかに大変で難《むずか》しいことかは、子どもの時よりよくわかります。

（前例がないことは、不可能《ふかのう》なのかな。いや、そうじゃない、不可能《ふかのう》だなんてだれにもわからないじゃないか）

貴之《たかゆき》さんは、挑戦《ちょうせん》してみることを決めました。

（どんなレンズを使えばいいだろう。とりあえずサンプルが欲《ほ》しいな）

構想《こうそう》を具体的に考えだしたそのころ、貴之《たかゆき》さんは日本大学生産工学部機械工学科に進学していました。

大学でも、高校の物理部天文班《てんもんはん》のようなクラブがあれば入るつもりでいましたが、小さな同好会があるだけでした。活発な活動はしていませんでした。

貴之《たかゆき》さんは、一人でプラネタリウムづくりを続けることにします。

製作《せいさく》場所は、家の自分の部屋です。部屋にこもり、思考錯誤《しこうさくご》をくり返しました。そして、「もしこれが使えたら、ラッキーだよな」と手元にあった写真の引き伸《ひの》ばし機《き》（写真フィルムの像《ぞう》を拡大《かくだい》して写真用の紙に焼き付ける機械《きかい》）のレンズをながめました。このレンズを、プラネタリウム投影機《とうえいき》に使えないだろうかと考えたのです。

カメラ用のレンズは高価《こうか》で、一枚《まい》二万円以上します。それが引《ひ》き伸《の》ばし機《き》のレンズなら数千円で買うことができます。

プラネタリウム投影機《とうえいき》のレンズは、なんとかなりそうです。けれど、安心しているひまはありません。もう一つ大事なレンズを探《さが》さなくてはなりません。コンデンサーレンズです。

コンデンサーレンズは、光源《こうげん》からの光を集めるために必要なレンズです。調べると、このレンズにも種類がたくさんありました。投影機《とうえいき》のレンズに一番合うものを、見つけなければなりません。

光の屈折《くっせつ》と光線の経路《けいろ》を、一つずつ検証《けんしょう》していきます。レンズに入った光がどのような所で折れ曲がるのか。それを見つけるためには、数学と物理の知識《ちしき》が必要でした。

「スネルの法則《ほうそく》なんか忘《わす》れちゃったよ。ああ、復習《ふくしゅう》、復習《ふくしゅう》」

貴之《たかゆき》さんは、参考書や百科事典を開いて、レンズ一つひとつの光の屈折《くっせつ》と光線の経路《けいろ》を検証《けんしょう》していきました。

電卓《でんたく》やポケット式コンピュータを使いながら手作業で計算してみたところ、一種類のレンズについて調べるのに約二時間かかりました。レンズの組み合わせは、ものすごい数になります。

「こりゃ、ポケット式コンピュータで、自動的にやってもらうしかないぞ」

自動的に計算してくれるプログラミングさえうまくできれば、一発で計算できるはずです。

しかし貴之《たかゆき》さんは、コンピュータの使い方にくわしくありません。実は数学もあまり得意で

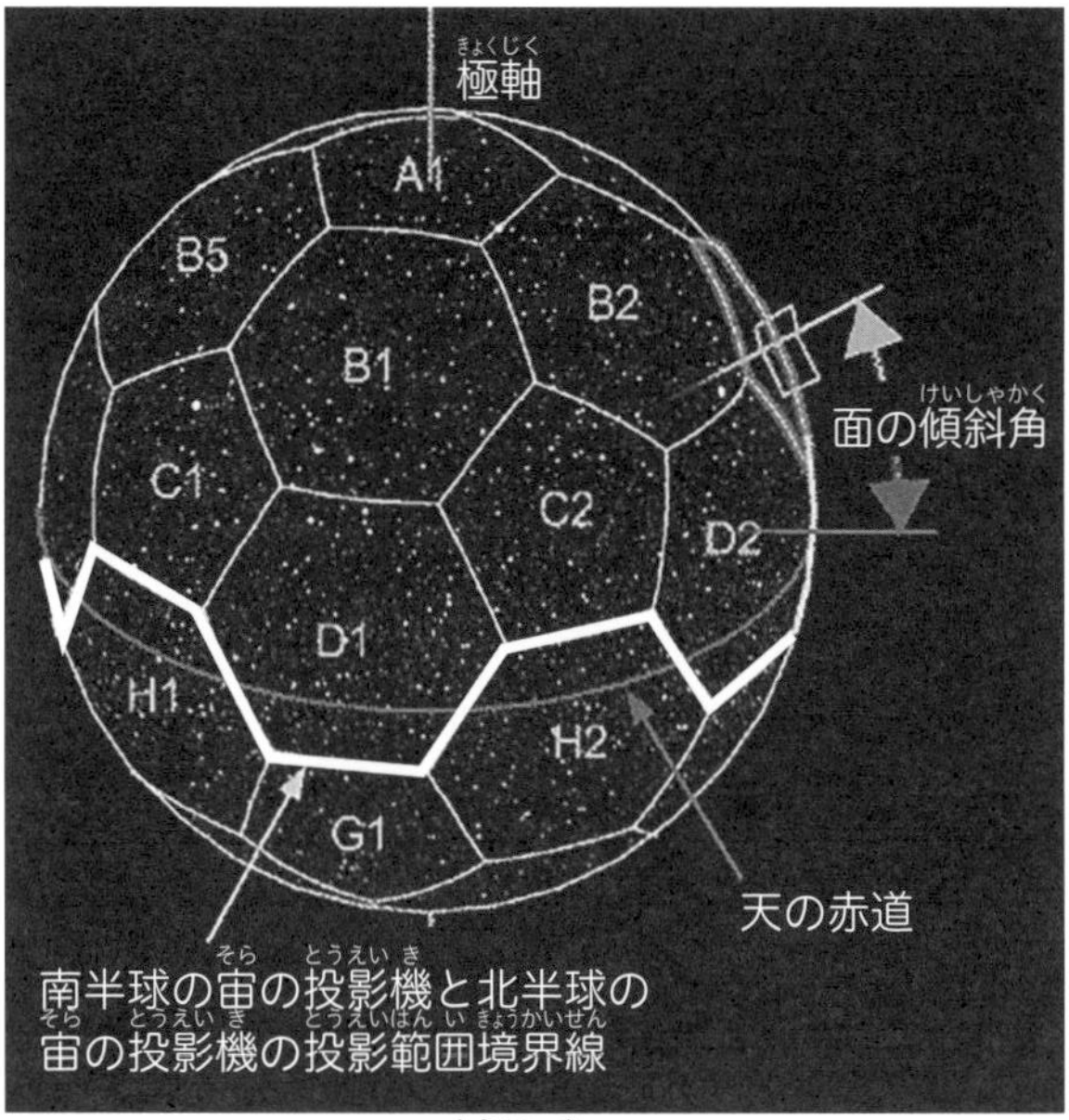

レンズ式プラネタリウム投影機《とうえいき》のしくみ

地球の宙《そら》を図のように32面に分割《ぶんかつ》して、各面に1組の投影《とうえい》ユニット（レンズと恒星原板《こうせいげんばん》）が必要になる。南半球の宙《そら》と北半球の宙《そら》を二つの投影機《とうえいき》に分ける方式を二球式と呼《よ》ぶ。

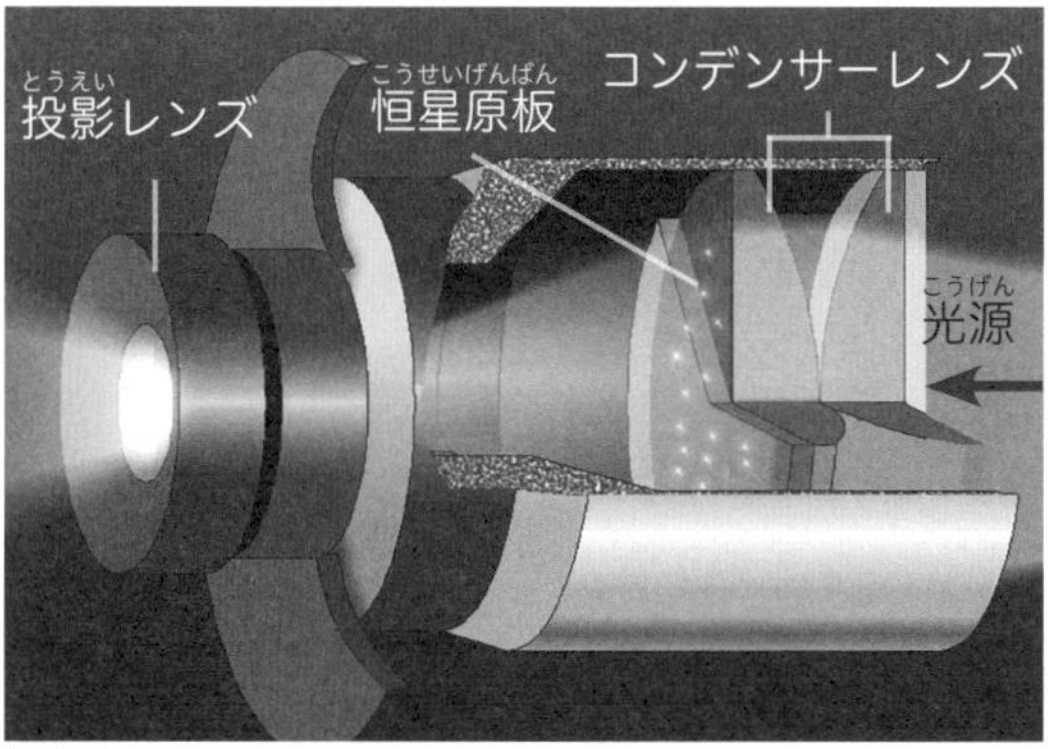

投影《とうえい》ユニット

投影《とうえい》レンズ、恒星原板《こうせいげんばん》、コンデンサーレンズからなる

はありません。

「ああ、数学にプログラミングかあ、勉強、勉強」

子どものころから一人で、いろいろ調べながら勉強してきました。目標のためなら苦手なことにも取りくむのが、貴之《たかゆき》さんのすばらしいところです。

ああでもないこうでもないと努力を重ね、なんとかポケット式コンピュータでのプログラミングに成功。ようやく投影機《とうえいき》のレンズに一番合うコンデンサーレンズを見つけました。

「ふう、これでレンズはオーケーだ。次は座標変換《ざひょうへんかん》だな。ああ、また数学かあ。代数……ベクトルの一次変換《いちじへんかん》……高校の時、もっとまじめに勉強すれば良かった」

貴之《たかゆき》さんは一人でぶつぶつ言いながら、計算式を考えます。

次は、恒星原板《こうせいげんばん》のどこに穴《あな》を開けると、ドームのどこに星が映《うつ》るのかをはじきだす計算式です。

大きな方眼紙《ほうがんし》にドームの断面図《だんめんず》を描《か》き、星の座標《ざひょう》と恒星原板《こうせいげんばん》の座標関係《ざひょうかんけい》を作図しながら、分度器で角度を計ります。そしてそれを数式におきかえていきます。

方眼紙《ほうがんし》での作業は二次元の平面ですが、実際《じっさい》は三次元の立体なので、平面で立体を想像《そうぞう》しながら考えるのも大変でした。

かなり苦戦しましたが、あきらめずに何度も試していくことで、貴之《たかゆき》さんはついに計算式を導《みちび》きだしました。

あとはポケット式コンピュータにプログラミングすれば、座標変換《ざひょうへんかん》も一発でできます。

「ようしっ！」

ひとまずここまで進んだことが、貴之《たかゆき》さんはうれしくてたまりませんでした。気持ちが高ぶって、その夜はなかなかねつけないほどでした。


次にとりかかるのは、恒星原板《こうせいげんばん》に穴《あな》を開ける作業です。

恒星原板《こうせいげんばん》はプラネタリウムにとって、とても大切なものです。丸い透明《とうめい》の板は手のひらにのるほど小さなものですが、そこには星のもととなる穴《あな》が無数に開いています。

光源《こうげん》からの光がまずコンデンサーレンズにとりつけられた板の穴《あな》を通り、次に投影《とうえい》レンズを通ってドームに焦点《しょうてん》を結ぶと、それが星になります。

つまり一つの穴《あな》は、一つの星になるわけです。恒星原板《こうせいげんばん》は、星空のもとになる板です。

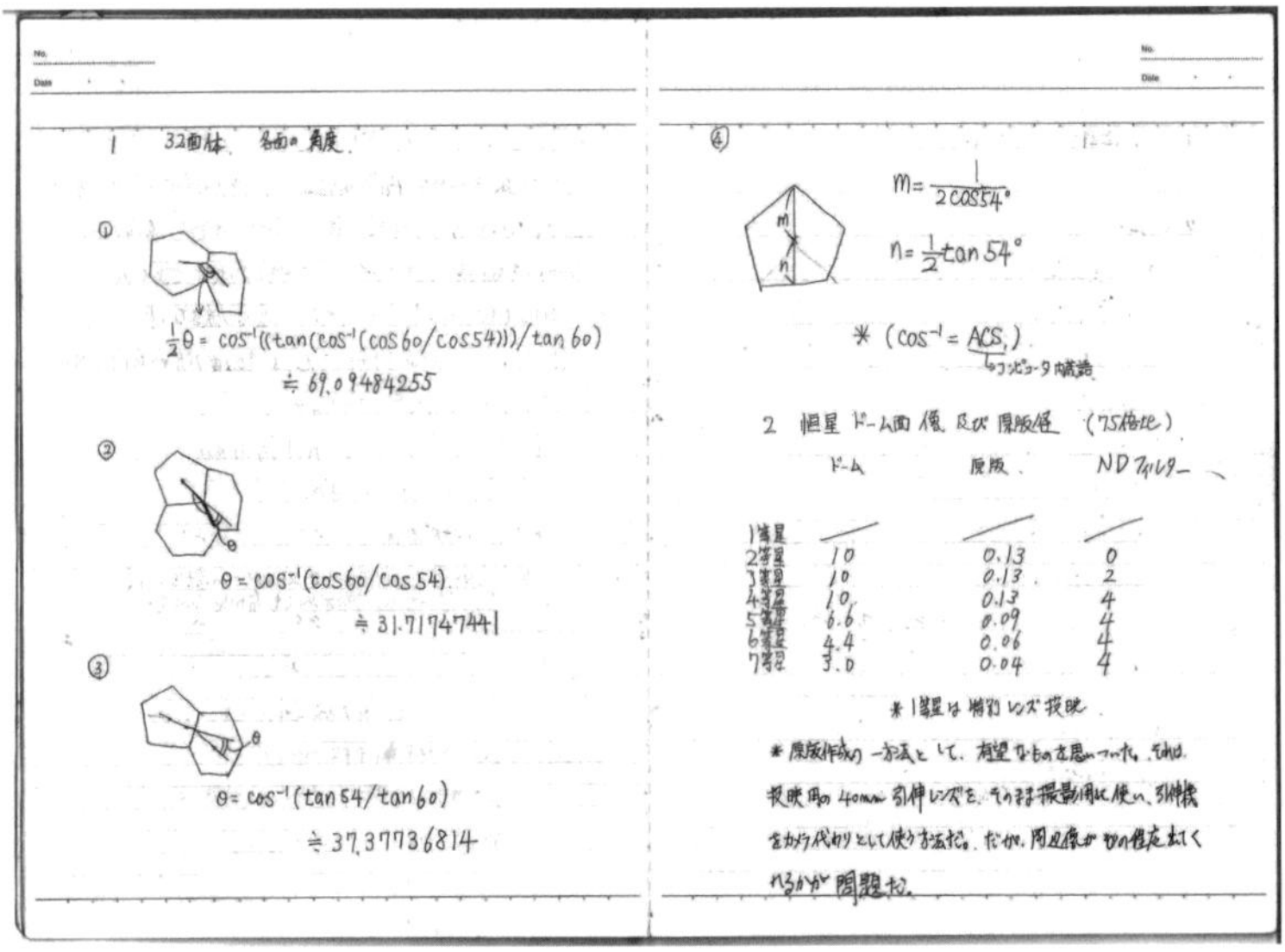

大学生の時に書いたプラネタリウム製作《せいさく》ノート

星空のもと恒星原板《こうせいげんばん》

この板に一枚《まい》あたり数千の穴《あな》を開けなければならない

プラネタリウムのドームに映《うつ》しだされる星は、位置も明るさも実際《じっさい》の星と同じでなければいけません。そういうものを、自分でつくるのは簡単《かんたん》ではありません。

貴之《たかゆき》さんは考えました。

これまで、恒星原板《こうせいげんばん》はアルミホイルに針《はり》で穴《あな》を開けて代用してきました。けれど、ここまで来たら、そういうわけにはいきません。

アルミホイルに針《はり》で開けた恒星原板《こうせいげんばん》では、映《うつ》しだされる星が大きくなってしまいますし、明るさの調節もうまくいきません。また小さな無数の穴《あな》を、正確《せいかく》な位置に開けることも不可《ふか》能《のう》です。

小さな穴《あな》とは、どのくらいの大きさでしょうか。

たとえば七等星を映《うつ》しだすための穴《あな》の大きさは、直径〇・〇一三ミリ。顕微鏡《けんびきょう》でしか確認《かくにん》できないぐらいのサイズです。

そこで思いうかんだのは、リスフィルムを使う方法です。貴之《たかゆき》さんは、小学生のころから、青写真や写真を現像《げんぞう》する（写真フィルムで撮影《さつえい》した画像《がぞう》を写真専用《せんよう》の紙に焼き付ける）ことができます。高校生の時のプラネタリウムづくりの経験《けいけん》から、フィルムを使うのにも慣《な》れていました。

「最初から小さな穴《あな》をつくるのが難《むずか》しいなら、大きめに描《か》いた星の穴《あな》を、小さくすればいいのでは……」

フィルムを使えば、拡大《かくだい》して描《か》いた星の穴《あな》を縮小撮影《しゅくしょうさつえい》することができます。この方法なら、リスフィルムで恒星原板《こうせいげんばん》がつくれそうです。

ここまで考えて、貴之《たかゆき》さんはまた思いました。

「パソコンでできたらなあ」

ゆかの上にねころがり、天井《てんじょう》をながめます。

星の位置を計算し、無数の星となる点を正確《せいかく》な位置に描《か》き、それを印刷するところまでパソコンがやってくれたら、どんなに楽でしょう。ポケット式コンピュータは計算やプログラミングはしてくれますが、パソコンほど性能《せいのう》が高くありません。パソコンのように、星を描《か》いたり印刷機につないで印刷することはできません。今では各家庭に一台はあるかもしれないパソコンですが、当時はまだ持っている人は多くなく、使いこなせる人も限《かぎ》られていました。

貴之《たかゆき》さんは、パソコンを持っていませんでしたし、使い方もわかりません。けれど使いこなせる人なら、貴之《たかゆき》さんの構想《こうそう》を実現《じつげん》できるはずです。

「うーん」

部屋の天井《てんじょう》をながめながら、貴之《たかゆき》さんは考えました。

そして、高校時代の友人の岡本《おかもと》さんを思い出しました。岡本《おかもと》さんはパソコンが得意でした。

貴之《たかゆき》さんは岡本《おかもと》さんに会い、恒星原板《こうせいげんばん》について相談してみることにしました。

久《ひさ》しぶりに会った岡本《おかもと》さんは、貴之《たかゆき》さんのやろうとしていることに興味《きょうみ》を示《しめ》してくれました。

「星の位置を計算したり、それを正確《せいかく》な位置に描《か》くんだね。たぶんできるよ、もちろん印刷もできる」

たのもしい岡本《おかもと》さんの言葉に、貴之《たかゆき》さんは飛びはねたい気持ちでした。

「ありがたいよ！　ぜひよろしく」

「オーケー、やってみよう」

岡本《おかもと》さんは、パソコンで恒星原板《こうせいげんばん》の原稿《げんこう》を、すいすい製作《せいさく》してくれました。そして、いよいよそれを印刷してみたところ……。

「ああー」

印刷した紙を見て、貴之《たかゆき》さんはがっくりうなだれました。岡本《おかもと》さんも険《けわ》しい顔をしています。

「点があらいな、ぼくのプリンターじゃこれが限界《げんかい》だよ」

性能《せいのう》のいいレーザープリンターは、この時代はまだ値段《ねだん》が高く、貴之《たかゆき》さんのような学生に買えるものではありませんでした。

「ありがとう、他の方法を探《さが》してみる」

貴之《たかゆき》さんが言うと、岡本《おかもと》さんは笑いました。

「大平《おおひら》くんらしいね。あきらめない」

「ぼくらしいか、あははは」

頭をかいて、貴之《たかゆき》さんも笑いました。

身なりには気を使わず、かみの毛はぼさぼさです。岡本《おかもと》さんは、そういう姿《すがた》も貴之《たかゆき》さんらしいと思いました。

それからまた、明けても暮《く》れても恒星原板《こうせいげんばん》のことを考える日々が続きました。

（プリンターで拡大《かくだい》印刷した星をリスフィルムで縮小《しゅくしょう》して撮影《さつえい》する方法じゃなくて、そのままの大きさの星を直接《ちょくせつ》、リスフィルムに焼き付けていくのはどうだろう）

大きくつくって縮小《しゅくしょう》するという発想から、はなれてみようと思ったのです。

そもそも小さくつくるのが無理だから、大きくつくって縮小《しゅくしょう》するつもりでした。それをそのままの大きさでつくるなんて、可能《かのう》なのでしょうか。

（本当に無理かな。いや、無理ではない気がしてきたぞ）

ただものすごく細かい作業になりますし、ミスは許《ゆる》されません。できれば手作業でなく、パソコンにお願いしたいところです。

そうなると、リスフィルムに星を焼き付ける機械と電気回路を直接《ちょくせつ》、パソコンにつながなくてはなりません。星の位置と明るさのデータを入力すれば、自動で焼き付けてくれるように、プログラミングもしなくてはなりません。

（ひえー、お手あげだ。パソコンは使いたいけど、ここまで複雑《ふくざつ》なことになってくると、岡本《おかもと》くんよりくわしい人でないと）

貴之《たかゆき》さんは、パソコンにくわしくてプラネタリウムづくりを手伝ってくれる人を、いつも読んでいる天文ファン向けの雑誌《ざっし》で募集《ぼしゅう》しました。

すると、佐倉《さくら》さんという大学院生が連絡《れんらく》をくれました。

佐倉《さくら》さんのパソコンの知識《ちしき》と技術《ぎじゅつ》は、貴之《たかゆき》さんの期待通りでした。

貴之《たかゆき》さんは、お年玉などをためていた貯金をはたいて、プラネタリウムづくりのために、パソコンを買いました。そのパソコンに、自作の電気回路やリスフィルムに星を焼き付ける機械をつなぎ、いよいよテスト・スタート。

機械が動きだし、リスフィルムに星となる点が焼き付けられていきます。焼き付けられた点は、最小で〇・〇一ミリです。

「大成功だ！」

貴之《たかゆき》さんと佐倉《さくら》さんは、手をとりあって喜びました。

貴之《たかゆき》さんは、この機械をマイクロプロッターと名付け、さらに改良を重ねていきます。

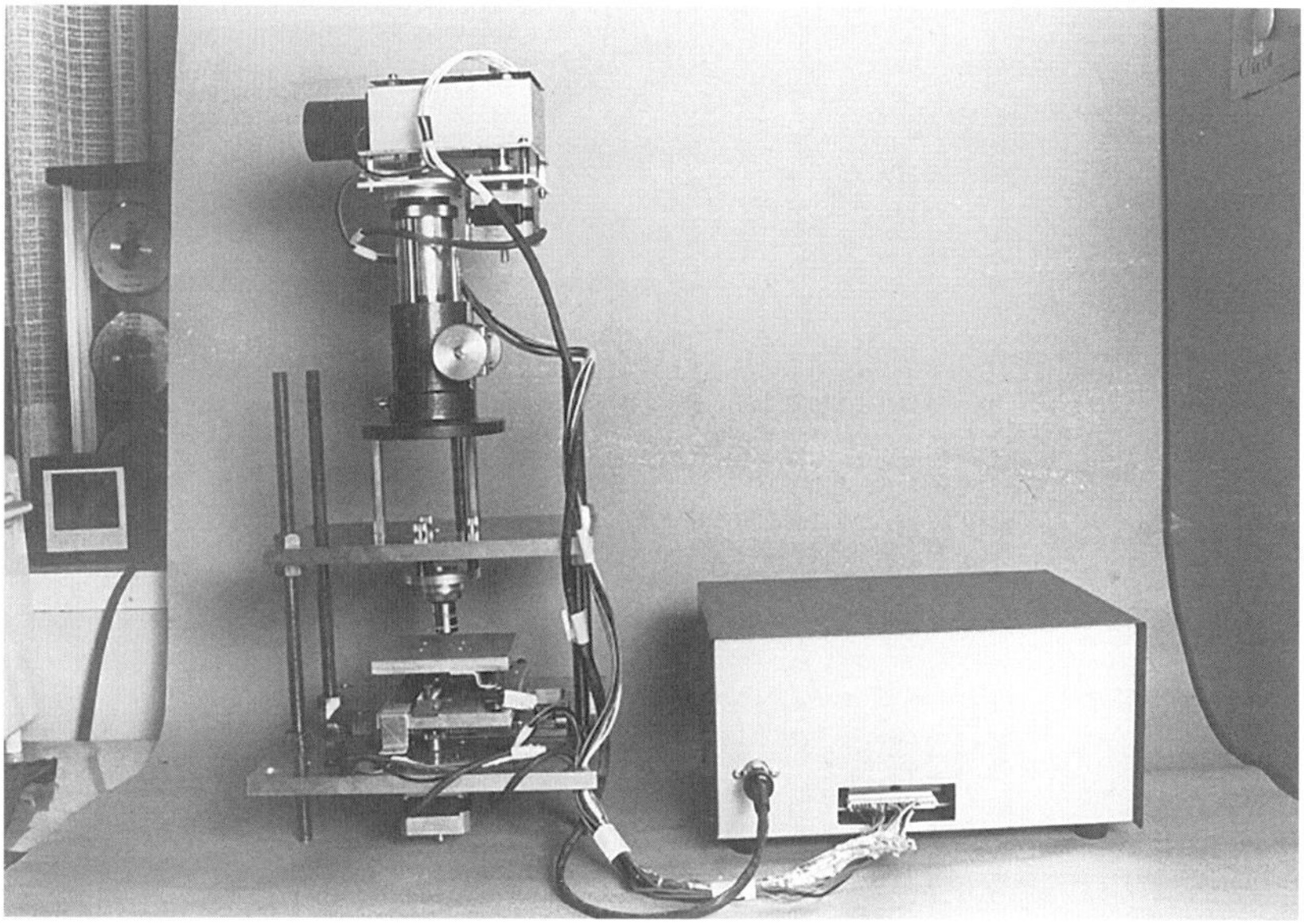

恒星原板製造装置《こうせいげんばんせいぞうそうち》「マイクロプロッター」

膨大《ぼうだい》な数の星を直径50ミリの板に自動的に焼き付けていく

恒星原板《こうせいげんばん》

5　苦手な電気

マイクロプロッターづくりに熱中している間に、貴之《たかゆき》さんは大学二年生になっていました。

ここまできても、まだ道半ばです。

(恒星原板《こうせいげんばん》をリスフィルムでない素材《そざい》でつくってみたいな。それに、かんじんの光源《こうげん》の方はまったく進んでいないし)

やることは山ほどあるのですが、大学の授業《じゅぎょう》にも出なければなりません。授業《じゅぎょう》に出るだけでなくレポートの提出《ていしゅつ》など、大学でもやることは山ほどありました。

(このままじゃ、卒業までに完成させることができないかもしれない)

貴之《たかゆき》さんはあせっていました。そしてなやんだ結果、お母さんにこう切りだしました。

「大学を休みたいと思うんだ。プラネタリウムづくりに集中したい」

「まあ、休学……」

お母さんは、さすがにおどろいている様子です。けれど、貴之《たかゆき》さんがねる間もおしんでがんばっている姿《すがた》を、一番そばで見てきたのはお母さんです。

「資金《しきん》もいるから、アルバイトもしたいし」

貴之《たかゆき》さんは、製作《せいさく》にかかるお金を自分でなんとかしたいと話しました。

「わかったわ、お父さんに相談してみましょう」

お母さんは、やさしく言ってくれました。

話を聞いたお父さんは、

「大学を休んで、ちゃんともどるのか心配だけど、貴之《たかゆき》がそこまでやりたいならいいと思うよ」

とゆるしてくれました。

貴之《たかゆき》さんは、そして、約束しました。

「必ず一年で大学にもどるよ」


休学した貴之《たかゆき》さんは、さっそく、アルバイトをはじめることにしました。

プラネタリウムづくりにはお金がいります。

パソコンも買いましたし、レンズなど材料もいろいろ必要です。どうしても手づくりできない機材は、専門《せんもん》の会社に発注してつくってもらうしかありません。

「いいバイトないかなー」

貴之《たかゆき》さんはアルバイト情報誌《じょうほうし》を開き、自分にできそうな仕事を探《さが》しました。

「お、これ、いいかも」

目にとまったのは、電源《でんげん》メーカーの修理《しゅうり》のアルバイトです。電気の勉強になるかもしれません。

理科は得意でも、電気については子どもの時から苦手です。けれどプラネタリウムづくりに、電気の知識《ちしき》と技術《ぎじゅつ》はどうしても必要です。

電源装置《でんげんそうち》を一人であれこれ試作していますが、なかなかうまくいっていませんでした。

(プロの仕事を見られるチャンスだ。電源装置《でんげんそうち》づくりの参考になればいいな)

貴之《たかゆき》さんは、はりきってアルバイトをはじめました。電源《でんげん》ユニットの故障《こしょう》を修理《しゅうり》する仕事は、思った通り勉強になりました。

「君《きみ》、ずいぶん熱心だね」

ある日、会社の人に貴之《たかゆき》さんは声をかけられました。

言われたことをこなすだけでなく電気に興味《きょうみ》を持ち、一つでも二つでも知識《ちしき》や技術《ぎじゅつ》を吸収《きゅうしゅう》しようとするアルバイトの青年は、不思議《ふしぎ》な存在《そんざい》だったのです。

「電気はあまり得意じゃないんですが、勉強したくて。勉強してみると、けっこう楽しくて」

と、貴之《たかゆき》さんは話しました。

「どうして電気の勉強をしたいんだい？」

その人に聞かれ、貴之《たかゆき》さんは答えました。

「ぼく、プラネタリウムをつくっているんです。そのためには、苦手だからってさけては通れないので」

「へえー、プラネタリウムか」

その人は感心し、できることがあれば協力するからねと言ってくれました。

また別の日。貴之《たかゆき》さんは修理《しゅうり》の部品の相談で、技術部《ぎじゅつぶ》に行くことになりました。技術部《ぎじゅつぶ》は、開発設計《かいはつせっけい》をしているところです。

（どんなところなんだろう、何の開発をしているのかな）

貴之《たかゆき》さんがわくわくしながら技術部《ぎじゅつぶ》に向かうと、そこは実験室のような場所でした。工具や器材や測定器《そくていき》が、ごちゃごちゃと置いてあります。

「ご相談がありまして」

貴之《たかゆき》さんは、技術部《ぎじゅつぶ》の人に修理《しゅうり》の部品についてくわしく説明しました。

「うんうん、それならこれはどうかな」

技術部《ぎじゅつぶ》の人は、すぐに部品の提案《ていあん》をしてくれました。

「なるほど！」

提案《ていあん》を聞いて、うれしそうにする貴之《たかゆき》さんを見て、技術部《ぎじゅつぶ》の人はたずねました。

「アルバイトなのに、よく知っているじゃないか。電気に興味《きょうみ》があるの？」

「あ、はい！」

貴之《たかゆき》さんは、元気に返事をしました。それからプラネタリウムをつくっていることを話すと、技術部《ぎじゅつぶ》の人はおもしろがってくれました。

「いいねえ、夢《ゆめ》があって」

「個人《こじん》でつくるなんて不可能《ふかのう》だと、みんなが思っているから、そんなことないぞって示《しめ》したいんです」

「ますますいいねえ、応援《おうえん》するよ」

貴之《たかゆき》さんは技術部《ぎじゅつぶ》の人とすっかり仲良くなり、しょっちゅう技術部《ぎじゅつぶ》に出入りするようになりました。

技術部《ぎじゅつぶ》の人たちは、温かく貴之《たかゆき》さんをむかえてくれました。

貴之《たかゆき》さんにとって技術部《ぎじゅつぶ》は、大変ありがたい場所でした。さまざまな電気の器材や部品にふれることができるうえに、わからないことがあれば教えてもらえます。

けれども、貴之《たかゆき》さんのことを応援《おうえん》してくれる人ばかりではありませんでした。開発設計《かいはつせっけい》という、会社で大事なことを行っている部署《ぶしょ》に、アルバイトの青年が自由に出入りしているのは、問題であると言う人が出てきました。

「ぼくらは、大歓迎《だいかんげい》なんだけどね」

技術部《ぎじゅつぶ》の親切な人たちは、貴之《たかゆき》さんを応援《おうえん》できないことを残念がってくれます。

貴之《たかゆき》さんも残念でしたが、これまで良くしてもらっただけでも十分《じゅうぶん》でした。しかし、思わぬ救世主《きゅうせいしゅ》が現《あらわ》れたのです。

「君《きみ》が大平《おおひら》くんか。おもしろいアルバイトの青年がいると、社員に聞いてね」

と現《あらわ》れたのは、なんと会社の社長でした。

貴之《たかゆき》さんがきょとんとしていると、社長は続けました。

「がんばっている若者《わかもの》を、わたしもぜひ応援《おうえん》したいと思うんだ。実習生として受け入れよう。部品でも器材でも自由に使えばいい。実習生だからね、そのかわり製作《せいさく》レポートを提出《ていしゅつ》するように」

「え、ええと、は、はい！」

貴之《たかゆき》さんはおどろきつつも、頭を下げました。信じられないほど、ありがたい提案《ていあん》です。これまで通り、技術部《ぎじゅつぶ》への出入りも許《ゆる》してもらえました。

それどころか、しばらくして修理《しゅうり》の仕事から技術部《ぎじゅつぶ》の仕事へ異動《いどう》になったのです。今度の仕事は、設計開発者《せっけいかいはつしゃ》のサポートです。

感謝《かんしゃ》してもしきれないほど、この会社では多くを学ぶことができました。

そして貴之《たかゆき》さんはさまざまな学びをいかし、苦戦していた電源装置《でんげんそうち》をついにつくりあげました。

恒星原板《こうせいげんばん》の製作《せいさく》は、ガラスにアルミニウムのうすい膜《まく》をはる方法を試みました。でも、ほこりがアルミニウムの膜《まく》についてしまうせいでうまくいかず、結局リスフィルムを使うことで落ちつきました。

レンズ式プラネタリウム「アストロライナー」の完成まで、あと少しです。

さあ、つぎはエアドームです。

貴之《たかゆき》さんは、せめて直径六メートルのドームをつくりたいと思います。空気でふくらませるエアドームにすると決め、製作《せいさく》開始です。

つくり方は、それほど難《むずか》しくありません。ビニール生地をつなぎ合わせ、それに扇風機《せんぷうき》などで空気を送りこんで、ふくらませます。ただ問題は、大きさです。大きすぎて、自分の部屋ではつくれません。

場所は、大学の体育館をかりることができました。切ったりつなぎあわせたりする作業は、友だちが手伝いにきてくれました。

夏からとりかかりましたが、完成したのは十二月も終わろうとするころでした。直径六メートルの予定だったドームは直径八メートルになりましたが、問題なくふくらみました。

「おおー」

むくむくとふくらんでいくドームを見て、貴之《たかゆき》さんたちは歓声《かんせい》をあげました。

プラネタリウムは、来年の秋にある学園祭で発表することになりました。それまでに太陽投影機《たいようとうえいき》や補助投影機《ほじょとうえいき》など、他にもつくりたいものがあります。

時間はあるようで、それほどありません。大学に復学《ふくがく》したら、授業《じゅぎょう》にきちんと出てレポートを書き、試験を受けなければなりません。

製作《せいさく》は引き続き、自分の部屋で行っています。七畳《じょう》の部屋は、足の踏《ふ》み場もないほど機材や工具でいっぱい。そのまん中に、アストロライナーがあります。

ほぼできあがったアストロライナーの映像《えいぞう》を、貴之《たかゆき》さんは部屋のかべに映《うつ》しだします。

太陽がしずむと夕焼けに染《そ》まり、夕焼けが消えていくとだんだん暗くなり、星空が現《あらわ》れます。

エアドーム

「ああ、早くドームに映しだしたいな」

学園祭が楽しみです。でも、まだすべての準備《じゅんび》は整っていません。解説《かいせつ》の練習もまだです。

濃《こ》いコーヒーを飲んで眠気《ねむけ》をさましながら、貴之《たかゆき》さんは続きの作業にとりかかりました。


アストロライナーを会場に運び込《こ》むのは、学園祭の前日です。

「貴之《たかゆき》、いつまでねてるの。お友だちが来られたわよっ」

お母さんに起こされるまで、貴之《たかゆき》さんはぐっすり眠《ねむ》っていました。連日の疲《つか》れのせいでした。

あわてて飛び起きる貴之《たかゆき》さんの前には、大学の後輩《こうはい》の内野《うちの》さんが立っていました。

内野《うちの》さんと二人で、アストロライナーをはじめとするいろいろな機材を、部屋から運び出します。けれど、その時になって、貴之《たかゆき》さんはどきっとしました。

「どうやって運び出すんだ⁉」

「はあ⁉」

内野《うちの》さんは、口をあんぐり開けています。

つくることで頭がいっぱいで、運び出すことを考えていませんでした。まず部屋のドアを

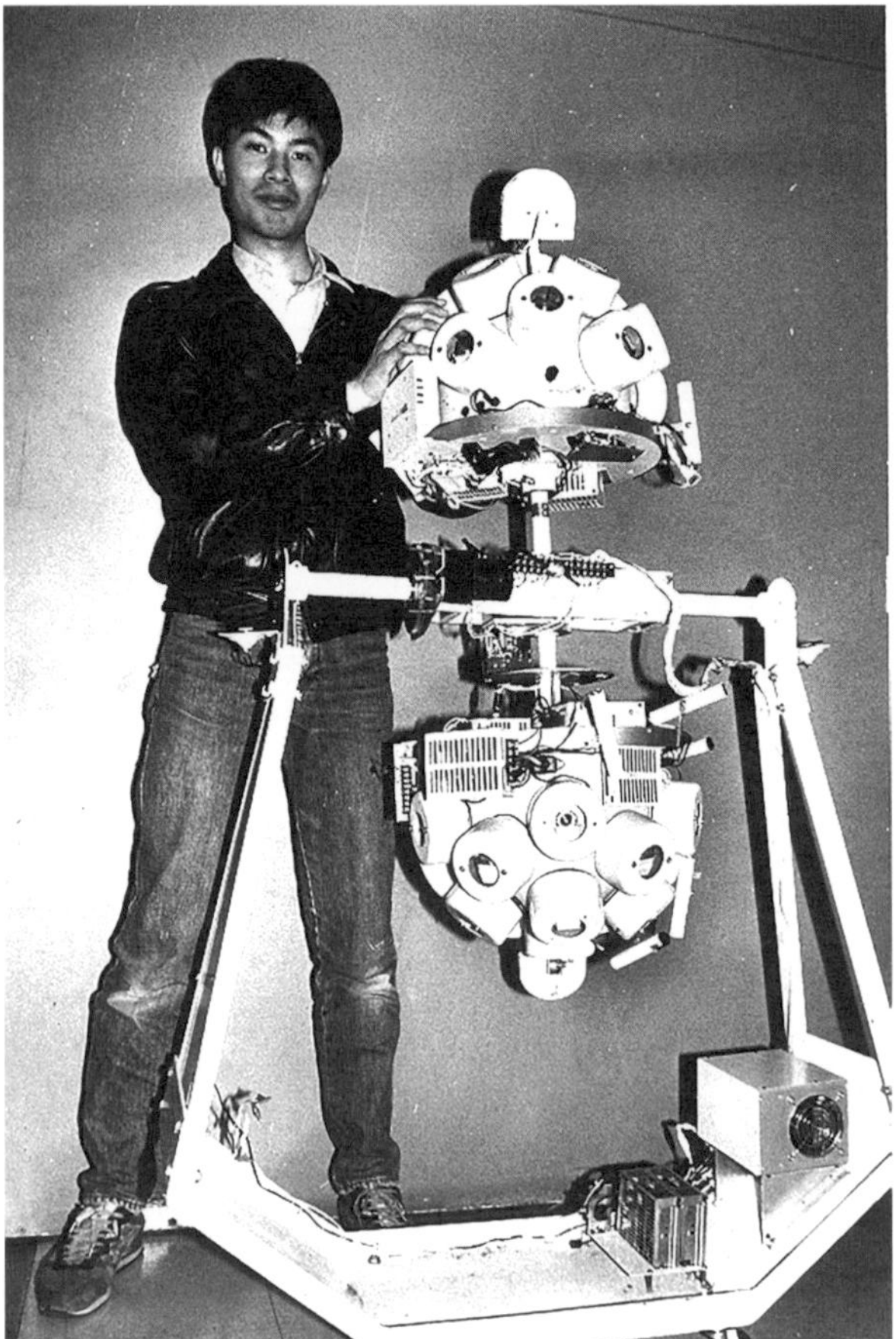

プラネタリウム3号機アストロライナー

32分割《ぶんかつ》レンズ式投影機《とうえいき》(投影《とうえい》星数32,000個《こ》)。個人製作《こじんせいさく》は不可能《ふかのう》と言われたレンズ式プラネタリウムを世界で初めて個人《こじん》で完成させた。

通る大きさなのか、そして細い階段《かいだん》で降《お》ろせるのか。

「やるしかないよな」

「そ、そうですね」

貴之《たかゆき》さんと内野《うちの》さんはひやひやしながら、アストロライナーを運びました。

「先輩《せんぱい》、うう、重いですね。何キロぐらいあるんでしょう」

「ううう、八〇キロはあるな」

「八〇キロですか、きついなー」

ここでぶつけたり落としたりしたら、苦労が水の泡《あわ》です。二人は八〇キロのアストロライナーをかかえて、せまい階段《かいだん》を一段一段《いちだんいちだん》しんちょうに降《お》りました。

そうして何とか、すべての機材を二階の部屋から運び出し、トラックの荷台に積んだのです。アストロライナー、パソコン、アンプにスピーカー、工具やケーブル。トラックの荷台はいっぱいです。

予想以上に時間がかかったものの、無事に大学の体育館に着くと、すでに仲間たちが、エアドームをふくらませはじめていました。

「おそいよ」

と、仲間にもんくを言わるのもしかたありません。もう午後六時半でした。

「ごめんごめん、急いで取りかかるよ」

貴之《たかゆき》さんは、ぼさぼさの頭をかきました。

持ってきた機材をつなぎ、アストロライナーの動きをチェックした貴之《たかゆき》さんは青ざめました。

「あれ？」

アストロライナーを操作《そうさ》するコンソールとパソコンの動きがおかしいのです。

「おいおい、どうした？」

みんなが心配して、貴之《たかゆき》さんのそばに集まってきました。

これで投影《とうえい》できなかったら、目もあてられません。

手をつくしましたがなかなか原因《げんいん》はわからず、接触《せっしょく》不良だとわかったのは、仲間の家に移動《いどう》してから。時間は午前三時をまわっていました。

仮眠《かみん》をとって朝一番には体育館にもどり、貴之《たかゆき》さんは動きのチェックの続きをしました。

すると、今度は太陽投影機《たいようとうえいき》にトラブルが起きました。

開演時間《かいえんじかん》をおくらせて修理《しゅうり》しましたが、もうタイムリミットです。

「これ以上、待たせられないぞ」

「お客さんは星空を見に来てるんだから、太陽がなくてもオーケーなんじゃないかな」

「開場しよう」

みんなが、貴之《たかゆき》さんをせかします。貴之《たかゆき》さんは、せっかく用意したのにすべての投影《とうえい》ができないことが、くやしくてたまりません。けれど、今日はあきらめるしかないようです。

「えー、本日は機械の不調で、予定通りの投影《とうえい》をすることができません。すみません」

貴之《たかゆき》さんは謝《あやま》ってから、解説《かいせつ》をはじめました。

それでもアストロライナーがエアドームに映《うつ》しだす星空に、お客さんは喜んでくれました。

二日目もトラブルはありましたが、途中《とちゅう》からは完ぺきになり、お客さんも最終日には満員になりました。

真っ暗な夜空に美しくかがやく無数の星々。個人《こじん》でつくるのは不可能《ふかのう》といわれたレンズ式プラネタリウムが映《うつ》しだす星空を、仲間たちとお客さんといっしょに、自作のドームで見ているなんて。貴之《たかゆき》さんはとても幸せでした。

6　国際大会《こくさいたいかい》デビュー

学園祭で発表したアストロライナーは、天文雑誌《ざっし》で紹介《しょうかい》された他、新聞やテレビでも取材を受けました。

学生がほぼ一人でつくりあげたレンズ式プラネタリウムは、大変めずらしいものでした。しかもその性能《せいのう》が高いのですから、評判《ひょうばん》にもなります。「今度イベントに、参加してもらえませんか」「ぜひ、うちにも来てもらえませんか」と、各地からの申《もう》し込《こ》みがありました。

貴之《たかゆき》さんたちは、アストロライナーと手づくりのドームや機材を車に積《つ》み込《こ》み、全国各地へ向かいました。大切なアストロライナーのあつかいには、特に注意しながらの旅でした。

大学四年生の時の学園祭でも、貴之《たかゆき》さんたちのプラネタリウムは大人気でした。さまざまなことが、順調に運んでいました。けれど投影《とうえい》を無事に終えた翌日《よくじつ》に、悲劇《ひげき》は起きたのです。

その日、貴之《たかゆき》さんたちは要領《ようりょう》よく片付《かたづ》けを進めていました。各地の投影会《とうえいかい》でもう何度も経験《けいけん》しているので、手慣《てな》れたものです。

直径八メートルのドームは、おもりを外し、一気にひっくり返してたたみます。

その日は、いつも数人でやっている作業を、二人だけでやることになりました。アストロライナーは、中央の机《つくえ》から降《お》ろさないままです。

「まあ、何とかなるよ」

貴之《たかゆき》さんはのん気でした。

「いくぞー」

「サン、ニー、イチ！」

ゼロという合図とともに、ばさばさっとドームをひっくり返す予定でした。けれど、ドームの縁《ふち》がアストロライナーにひっかかったのです。

「うわあああ」

貴之《たかゆき》さんは叫《さけ》びました。

一瞬《いっしゅん》のできごとでした。ドームの重みも加わりアストロライナーは、みるみる倒《たお》れていきます。

ガッシャーーーン！

体育館に大きな音が、ひびきわたります。

「……」

無残にこわれてしまったアストロライナーを、そこにいたみんなが言葉なくながめました。

机《つくえ》から降《お》ろさずに、二人だけでやったことが原因《げんいん》でした。

なみなみならぬ情熱《じょうねつ》と時間を注いできたものが、目の前であっけなくこわれてしまいました。

みんな、あぜんとしています。

貴之《たかゆき》さんもすっかり落ちこんでしまった……かというと、そうでもありませんでした。

ちょうど仲間の一人が、ドームをたたむのを撮影《さつえい》していました。貴之《たかゆき》さんは、たずねました。

「ねえ、今の写真とった？」

「あ、ああ、とった」

「大変なことになったけど、貴重《きちょう》な写真がとれたな」

貴之《たかゆき》さんはそう言って、こわれた投影機《とうえいき》をのぞきこみました。

「きっと直せるさ」

確認《かくにん》したところ、修理《しゅうり》すれば元にもどりそうです。

次の投影《とうえい》の予定は、今のところありません。それに、卒業論文《ろんぶん》を仕上げなくてはならない時期でもあります。貴之《たかゆき》さんは修理《しゅうり》をあとまわしにして、論文《ろんぶん》作成に集中することにしました。

論文《ろんぶん》のテーマは「プラネタリウムの制御《せいぎょ》に関する研究」でした。卒業論文《ろんぶん》を指導《しどう》する先生は、これまで貴之《たかゆき》さんがしてきたことをまとめればいいと言ってくれました。

貴之《たかゆき》さんのプラネタリウムは、多くの人に評価《ひょうか》されています。しかし大学の卒業論文《ろんぶん》としては、ふさわしくないのではないか。貴之《たかゆき》さんは、自信がありませんでした。

卒業論文《ろんぶん》発表の日、テーマに興味《きょうみ》を持った先生や同級生たちが集まってきました。先生や同級生たちから次々と質問《しつもん》があり、貴之《たかゆき》さんはていねいに答えました。

(これまでぼくがやってきたことを、これだけの人たちが認《みと》めてくれている。これからも、やり続けてもいいのかな)

その思いは、卒業式を前に確実《かくじつ》となります。貴之《たかゆき》さんの在学中《ざいがくちゅう》の活動を、大学が認《みと》めてくれたのです。

「今年の優秀賞《ゆうしゅうしょう》は、大平《おおひら》くん、君《きみ》だよ」

と、先生が知らせてくれました。

プラネタリウムづくりにかけてきた時間は、むだではなかったのです。

そうしてめでたく卒業となるはずでした。けれどもプラネタリウムに熱中していたため、卒業に必要な科目の単位を落としてしまいました。

貴之《たかゆき》さんはあわてました。再試験《さいしけん》を受けるしかありません。

「どうするんだよ」

友だちが心配します。

「やるしかないよね、がんばるよ」

猛勉強《もうべんきょう》をし、なんとか再試験《さいしけん》に合格《ごうかく》したものの、先生も仲間たちもあきれています。

「まったく、大平《おおひら》くんは最後の最後までバタバタしてるね」

「うん、自分でもいやになるよ」

貴之《たかゆき》さんは苦笑します。

さて無事に卒業したあとも、プラネタリウムづくりに熱中した代償《だいしょう》はまだありました。

卒業後、同級生たちは就職《しゅうしょく》するか、あるいは大学院に進学することが決まっていました。けれど貴之《たかゆき》さんは、そのどちらも決まっていませんでした。

貴之《たかゆき》さんは大学院進学を希望しましたが、成績《せいせき》が足りていませんでした。受験を一年おくらせて、必死に勉強するしかありません。

勉強《べんきょう》の結果、貴之《たかゆき》さんはみごと大学院に進学しました。アストロライナーやマイクロプロッターを改良し投影《とうえい》する星の数を四万五〇〇〇個《こ》にまで増《ふ》やしました。そして、新しいプラネタリウムをつくることを考えていました。

（もっとシンプルでコンパクトにすれば、あつかいやすくなるよなあ。持ち運びも楽だし、調整も簡単《かんたん》になる）

大学院で学ぶのは二年間です。あっという間に過《す》ぎていきました。新しいプラネタリウムの構想《こうそう》を固めつつ、卒業記念投影会《とうえいかい》の準備《じゅんび》もしなければいけません。あいかわらずバタバタしながら、貴之《たかゆき》さんは大学院を卒業し、いよいよ就職《しゅうしょく》することになりました。

就職先《しゅうしょくさき》は、電機メーカーのソニーでした。プラネタリウムの会社ではありません。

（もうプラネタリウムは、つくれないかもしれないな）

そうなることも覚悟《かくご》していました。新しいプラネタリウムの構想《こうそう》はあるものの、学生時代とはちがいます。

新入社員の貴之《たかゆき》さんが配属《はいぞく》されたのは、生産技術部門《せいさんぎじゅつぶもん》でした。マイペースな貴之《たかゆき》さんは、先輩《せんぱい》社員の話をあまり聞かなかったり、勝手に作業を進めてしまったりして、ちょっと困《こま》った存在《そんざい》になりました。

「君《きみ》、電気の知識《ちしき》は高いみたいだけど、今の仕事に集中してよ。関係ないことにあれこれ興味《きょうみ》を示《しめ》さずにさ」

と、よく注意されました。

「はい、気をつけます」

マイペースなのも興味《きょうみ》がどんどん広がっていくのも、貴之《たかゆき》さんの良いところなのですが、会社からすると困《こま》ったところでもありました。

会社で貴之《たかゆき》さんについたあだ名は、ウド。ウドの大木のことです。体が大きいだけで役に立たない人のことを、ウドの大木に例えますが、貴之《たかゆき》さんは一九〇センチに近いほどの長身なので、そんな残念なあだ名がついてしまったわけです。

（はあー）

ため息がこぼれます。子ども時代から、人づきあいではうまくいかないことが多かったのですが、社会人になってもやはり同じ。

落ち込《こ》みぎみの時、プラネタリウム関係の友だちが連絡《れんらく》をくれました。

「今年は大阪《おおさか》であるんだよ、ＩＰＳ《アイピーエス》の大会。大平《おおひら》くん、参加してみない？」

ＩＰＳ《アイピーエス》というのは、国際《こくさい》プラネタリウム協会のことです。世界各国のプラネタリウム専門《せんもん》家《か》や天文学者、科学館職員《しょくいん》など七百人以上の会員がいます。会誌《かいし》『プラネタリアン』を発行し、そして二年に一度、国際大会《こくさいたいかい》を開いています。

国際大会《こくさいたいかい》は世界の各都市で開かれるのですが、日本での開催《かいさい》は、初めてのことでした。

（海外だと気軽に行けないけど、ちょうど日本であるんだし。行ってみようかな）

貴之《たかゆき》さんは思いました。

はなやかな集まりで、さまざまな国の人たちの発表を聞けば、気が晴れそうです。

「君《きみ》もいよいよ、国際大会《こくさいたいかい》デビューだな」

友だちはうれしそうですが、貴之《たかゆき》さんはびっくりしました。

「え？　ぼく、英語は苦手だから、発表なんて無理だよ！」

「今回は日本での開催《かいさい》だから、同時通訳《どうじつうやく》がつくんだ。日本語でオーケーだよ。いい機会じゃないか、アストロライナーのこと、発表するべきだよ」

友だちが背中《せなか》をおします。

貴之《たかゆき》さんが配属《はいぞく》された生産技術部門《せいさんぎじゅつぶもん》の仕事は、仕事の流れが比較的《ひかくてき》ゆるやかでした。いそがしい部門だと長期の海外出張《かいがいしゅっちょう》があったり、土日も休めなかったりするようでしたが、生産《せいさん》技術部門《ぎじゅつぶもん》はあまり残業もありません。

「よし、やってみるか！」


一九九六年、貴之《たかゆき》さんは図面など発表のための資料《しりょう》を用意し、会場となる大阪《おおさか》市立科学館を訪《おとず》れました。

アストロライナーを持ち込《こ》み、実際《じっさい》に投影《とうえい》してみることも検討《けんとう》しましたが、運ぶ大変さを考えてあきらめました。今回は資料《しりょう》を使って発表をします。

大阪《おおさか》市立科学館では、いくつもの発表が各会場で行われます。貴之《たかゆき》さんの発表する会場は、百名ほどが入る小さめの所でした。

他に比《くら》べると小さな会場でも、百名ほどの人たちが集まるのです。そんなに多くの人の前で話すのは、貴之《たかゆき》さんにとっては初めてのことです。しかも日本人だけでなく外国人もいます。とても緊張《きんちょう》しましたが、これまでやってきたことを一つずつ説明すればいいのだと腹《はら》をくくりました。

スクリーンに資料《しりょう》が映《うつ》しだされ、それに合わせて貴之《たかゆき》さんが話します。

「ぼくの製作《せいさく》したアストロライナーは、二球式三十二分割《ぶんかつ》レンズ式の投影機《とうえいき》です。映《うつ》しだす恒星数《こうせいすう》（星の数）は、四万五二六九個《こ》、移動可能《いどうかのう》なプラネタリウムになっています」

英語に通訳《つうやく》される言葉を聞き、ワンテンポおくれて、会場の外国人たちはうなずいたり、おどろいたりしています。

集まった人たちが静かにスピーチに聞き入ってくれていることに、貴之《たかゆき》さんはほっとしました。そうして、最後にこう言って発表をしめくくりました。

「これは会社の仕事ではなく個人《こじん》の活動で、ぼくの趣味《しゅみ》です」

イッツ、マイ、ホビー（趣味《しゅみ》です）と英語訳《えいごやく》が流れると、会場からはどっと笑いが起こりました。

おもしろいことを言ったつもりはなかった貴之《たかゆき》さんがきょとんとしていると、発表を聞き終えた人たちが、貴之《たかゆき》さんのもとへ集まって来ます。

「君《きみ》、すごいじゃないか！」

「いやあ、感動したよ！」

「一人でこれをつくったなんて、天才だね！」

英語が得意でない貴之《たかゆき》さんですが、ほめられているのはわかります。

夜には、パーティーがありました。その時も、貴之《たかゆき》さんはたくさんの人に「趣味《しゅみ》であれをつくるなんて、すばらしいね」と、声をかけられました。海外のプラネタリウムの会社から「アストロライナーを商品化するつもりはないかい？　良かったら、うちにおいでよ」というさそいもありました。

まさかこんなに反響《はんきょう》がいいとは、想像《そうぞう》もしていませんでした。自分がこれまでしてきたことを評価《ひょうか》してもらえたのです。移動《いどう》プラネタリウムコミュニティーの主催者《しゅさいしゃ》スーザン・レイノルズさんや、多くの外国の友人もできました。

「ミスター・オオヒラ、ぜひロンドン大会にも参加してください！」

貴之《たかゆき》さんは答えました。

「はい、必ず行きます！」

二年後の世界大会は、ロンドンで行われる予定です。

大阪《おおさか》から帰る新幹線《しんかんせん》の中で、貴之《たかゆき》さんの胸《むね》は新たな希望にふくらんでいました。

（ロンドン大会には、投影機《とうえいき》を持って行くぞ。投影機《とうえいき》は、これから新たに製作《せいさく》しよう）

もっとすごい投影機《とうえいき》をつくって、今回よりも人々をおどろかせたい！

国際大会《こくさいたいかい》デビューから、貴之《たかゆき》さんはいよいよメガスター製作《せいさく》への取り組みをスタートさせます。

7　メガスター完成！

新しいプラネタリウムの製作《せいさく》にかけられる期間は、二年もありません。学生時代のように、それだけに熱中はできません。会社での仕事をしながら、限《かぎ》られた時間をうまく使って、プラネタリウムを製作《せいさく》しなくてはなりません。

アストロライナーの時は、とりあえずやってみようという感じで製作《せいさく》をはじめましたが、今回はちがいます。これまでの経験《けいけん》をいかし、何をどう進めていくのかという計画を、貴之《たかゆき》さんはすぐに立てました。

まず、どうしてもやりたいことを決めました。

一　本体を、大人一人で持ち運べる重さにすること
二　大きさは、家の車に乗せられるサイズにすること
三　アストロライナーよりも、美しい星空を映《うつ》しだせるようにすること

学生時代、全国のイベントに呼《よ》ばれてプラネタリウム投影会《とうえいかい》を開いていました。八〇キロ

グラムもあるアストロライナーを、会場に運ぶのは大変です。また一人でロンドンまで持って行くためにも、軽くコンパクトにすることは、重要でした。

(ぼくが一人で持ち運びできるのは、どれくらいだろう?)

貴之《たかゆき》さんは考えました。会社の仕事で、テレビを運んだことがあります。テレビの大きさと重さはそれぞれでしたが、だいたい二十四型のワイドテレビが一人で運べる限界《げんかい》でした。

(ということは……)

二十四型のワイドテレビの重さは、約三十キログラムです。

(よしっ、三十キロ以下だ)

重さが決まれば、次は大きさです。

プラネタリウムを運ぶたびに大きな車を借りるのは、お金がかかるしめんどうです。貴之《たかゆき》さんのお父さんの車で運ぶことができれば、ずいぶん楽になります。それからロンドンへ行く時には、飛行機に手荷物で持ち込《こ》むつもりです。

(あと、アストロライナーは組み立て式だったけど、今度は解体《かいたい》しないでいいようにしよう。その方がじょうぶだし、組み立てる時間や手間もはぶける)

貴之《たかゆき》さんは、新しいプラネタリウムの投影機《とうえいき》を設計《せっけい》しました。投影機《とうえいき》本体の形は、コンパクトな球体になりました。それをつくるために、シェルという半球体の部品を注文しました。

会社から給料をもらうようになった貴之《たかゆき》さんには、学生時代よりも自由になるお金があります。時間の短縮《たんしゅく》のためにも、専門《せんもん》の会社にお願いしてつくってもらうことにしました。

（おお、来た来た！）

シェルが届《とど》いた時、貴之《たかゆき》さんの頭には新しいプラネタリウムの形が、はっきりうかびあがりました。

（こんなにコンパクトで性能《せいのう》のいいプラネタリウム、これまでないよな。だれもつくろうと思わなかったものを、ぼくがつくるんだ）

ロンドンで発表する日を想像《そうぞう》して、貴之《たかゆき》さんの胸《むね》は高なります。

アルミニウム合金のシェルに、いくつも穴《あな》を開け、投影《とうえい》ユニットなどを取りつけていきます。

取りつけるレンズや機材はたくさんあります。コンパクトな

シェル

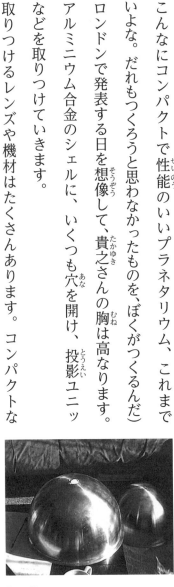

シェルにそれらをおさめるのは、一苦労でした。しかも、おさめるだけではだめです。

　重さも考えなくてはなりません。苦労は次々と出てきました。家の七畳《じょう》の部屋は、再《ふたた》び実験製作室《じっけんせいさくしつ》になりました。

　三つめの目標、美しい星空も忘《わす》れてはいけません。軽量化と美しい星空は、シャワーを浴びている時、はっと思いつきました。

（天の川投影機《とうえいき》、いらないんじゃないか。取ってしまえないかな）

　天の川投影機《とうえいき》は、他の星々を映《うつ》す機械《きかい》の上にくっついています。これを外してしまえば、軽くなるうえに小さくもなります。

（一石二鳥じゃないか、いや、三鳥かも！）

　すごいアイデアです。

　天の川の星々はあまりにも小さいので、天の川投影機《とうえいき》から雲のようなもやを映《うつ》しだします。けれど貴之《たかゆき》さんは、本当の天の川と同じように、星つぶの集まりとして映《うつ》してしまおうというのです。それなら天の川投影機《とうえいき》を外してしまっても、だいじょうぶです。むしろ、より本物らしい美しい天の川を再現《さいげん》できるはずです。

「一〇〇万個《こ》だ！」

貴之《たかゆき》さんはさけびました。

投影《とうえい》する星の数を一〇〇万個《こ》に増《ふ》やせば、天の川を一つひとつの星の集まりでつくりだせます。

一〇〇万個《こ》の星という数字は、当時のプラネタリウムの常識《じょうしき》ではありえない数字でした。ちなみにアストロライナーは三万二〇〇〇個《こ》から四万五〇〇〇個《こ》くらいでしたし、プラネタリウム専門《せんもん》の会社がつくっているものでも六〇〇〇から三万個《こ》ぐらいでしたから、それがどれだけとんでもない数字かわかるでしょう。

一〇〇万個《こ》の星を映《うつ》しだすためには、十一等星までの星が必要です。十一等星の光はかなり弱いため、一つひとつの星は肉眼《にくがん》では見えません。しかし、そのような星がたくさん集まると、天の川のようにぼやっと見えるのです。ふつうはそこまで映《うつ》しだそうとはしません。

もしプラネタリウムの会社でこのアイデアをだしたら、こう言われたかもしれません。

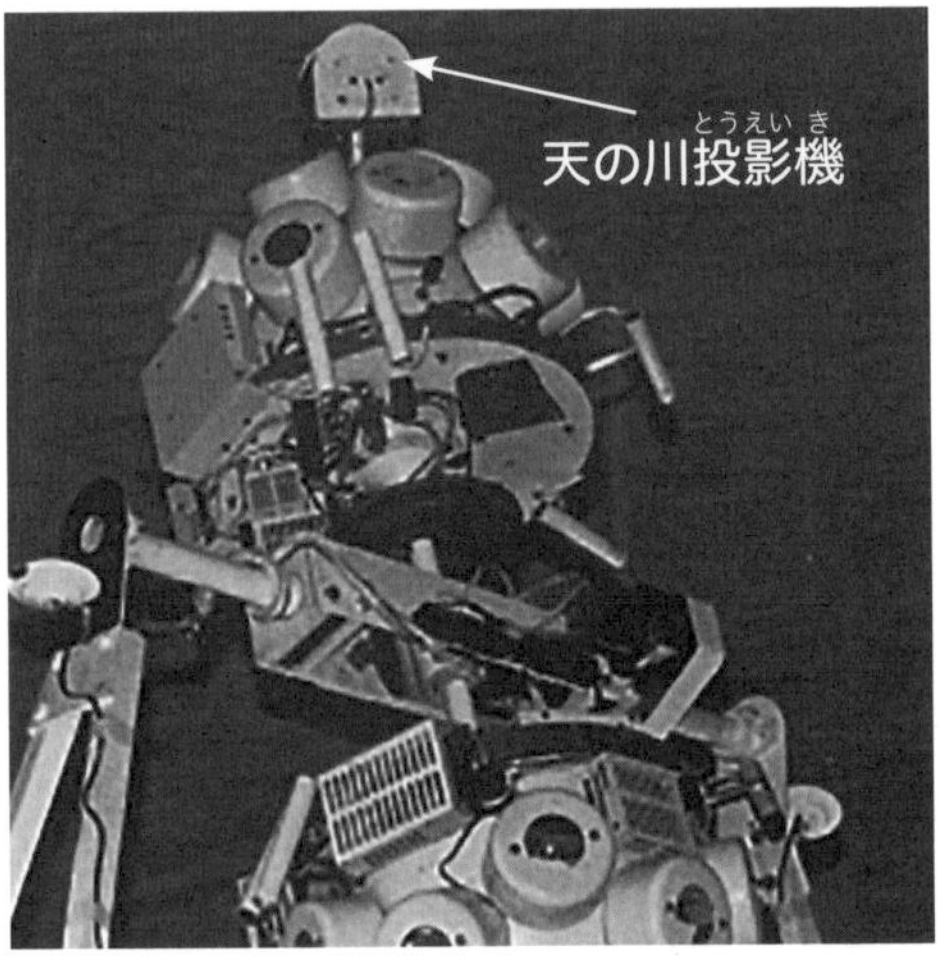

「天の川を、星の集まりで再現《さいげん》する？」

「そのために一〇〇万個《こ》の星かあ、あははは」

「十一等星？　見えない星まで映《うつ》しだす必要ないだろう」

どんなにいいアイデアでも、会社ではいろいろな人を説得しないと実現《じつげん》しません。けれど、一人でつくっている貴之《たかゆき》さんは自由です。だれもそれを笑ったり、止めたりしません。

（そもそも天の川は、星の集合体じゃないか）

貴之《たかゆき》さんは、目をつむりました。高校生の時に見たオーストラリアの星空が、見えてきます。日本では見たこともないような数の星が、夜空をうめつくしていました。天の川がたくさんの星の集まりだとわかり、感動にふるえた思い出がよみがえります。

（あの星空を再現《さいげん》できたら、みんなのおどろきは、大阪大会《おおさか》どころじゃないぞ）

これまでなかったものをつくるわくわく感は、貴之《たかゆき》さんのパワーのもとです。

十一等星ぐらい暗い星をつくりだすためには、恒星原板《こうせいげんばん》にとても小さな穴《あな》を開ける技術《ぎじゅつ》がいります。

恒星原板製作《こうせいげんばんせいさく》は、何度も実験をくり返してきましたがうまくいかず、これまでは、アルミ

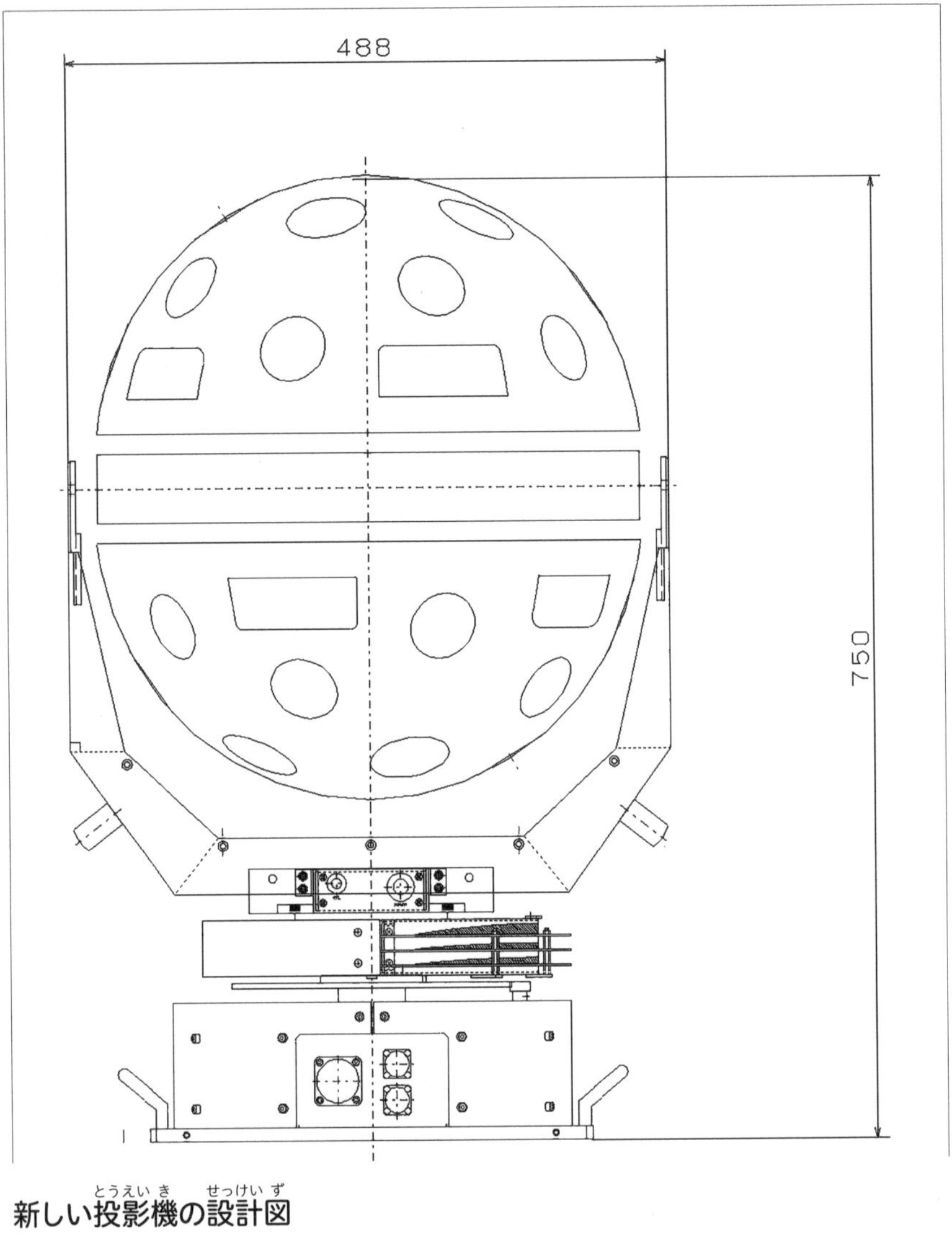

新《しん》しい投影機《とうえいき》の設計図《せっけいず》

ホイルやリスフィルムで代用してきました。

「原板の素材《そざい》は、金属膜《きんぞくまく》だな」

貴之《たかゆき》さんは、つぶやきました。

リスフィルムでなく金属《きんぞく》なら、より小さな穴《あな》を開けることができるので、一〇〇万個《こ》の星々をつくりだすことが可能《かのう》です。

これまで金属膜《きんぞくまく》で原板《げんばん》をつくることをあきらめてきた大きな要因《よういん》は、技術《ぎじゅつ》だけでなくお金もなかったことでした。

「今ならつくれるぞ」

恒星原板《こうせいげんばん》には、ガラスの板にうすい金属膜《きんぞくまく》をはり、その上にフォトレジスト（感光性樹脂《かんこうせいじゅし》）がぬってあります。フォトレジストにレーザーを照射《しょうしゃ》するとその部分だけ穴《あな》が開きます。そこに特殊《とくしゅ》な薬品をかけるとその下の金属膜《きんぞくまく》がとけて、星となる穴《あな》が開くのです。製作《せいさく》するためには、レーザーが必要なのです。

貴之《たかゆき》さんが欲《ほ》しいのは、青色レーザーでした。

赤色レーザーなら安いのですが、青色レーザーは大変高価《こうか》です。調べてみると、八十万円ほど必要です。

会社員になってお金に余裕《よゆう》ができたとはいえ、まだ新人会社員。それほど貯金もありません。さすがに八十万円は大金でした。

（うーん、どうするかなあ。もうすぐボーナスが出るけど、それを待っていたら製作《せいさく》がおくれてしまう）

困《こま》った貴之《たかゆき》さんは、お母さんにお金を借りることにしました。

「わかったわ、いくらいるの？」

お母さんはいやな顔もせず、すんなりお金を用意してくれました。いつもお母さんは、貴之《たかゆき》さんを信じ、応援《おうえん》してくれます。

「ありがとう、必ず成果を出すから」

貴之《たかゆき》さんは約束しましたが、実は自信満々というわけではありませんでした。青色レーザーを手に入れたからといって、うまくいくかは、やってみないとわかりません。

計画ではうまくいくはずでも、実験してみると不具合が生じることは、今までに何度もありました。不安に思いつつ、けれどやってみないと成功はないこともわかっています。

（ああ、これであともどりできないぞ）

貴之《たかゆき》さんは心を決めました。

ロンドン大会まであと半年。青色レーザーを使って原板に穴《あな》を開ける実験を、くり返す日々が始まりました。以前つくったマイクロプロッターを進化させたので、スーパーマイクロプロッターと名付けた機械は、よくエラーを起こしました。人が近づいて少しゆかがきしむだけでも、装置《そうち》に伝わってしまいます。すると、うまく動かなくなってしまいます。

すでに四月になっていました。ロンドンに行くのは六月なのに、満足のいく恒星原板《こうせいげんばん》はまだ一枚《まい》も完成していません。

原因《げんいん》を探《さが》すうち、水に問題があるかもしれないと気づきました。精密機械《せいみつきかい》を使う時は、混《ま》じりものが入っていない精製水《せいせいすい》を使うことは知っていましたが、そこまで気にしなくていいと思い、ずっと水道水で作業をしていたのです。そのせいで、原板の完成度にばらつきが出ていました。薬局で精製水《せいせいすい》を買って使ってみると、少しずつばらつきは消えていきました。

「うん、これならきれいに映《うつ》るはずだ」

やっと完成した満足のいく恒星原板《こうせいげんばん》を使い、作業室になっている自分の部屋の天井《てんじょう》に映《うつ》しだしてみます。

「おおー」

暗くした部屋の天井《てんじょう》に現《あらわ》れた星空、それは想像《そうぞう》以上でした。天井《てんじょう》がぬけて、夜空が見えているのではないかと思うほど。

(これならいける！)

貴之《たかゆき》さんは実感し、ロンドン大会までに次々と恒星原板《こうせいげんばん》を製作《せいさく》していきました。けれど、期日までに必要な三十二枚《まい》全部を完成させることはできませんでした。

星空全体の投影《とうえい》は不可能《ふかのう》になってしまいましたが、完成した二十六枚《まい》だけを投影《とうえい》することにしました。


製作《せいさく》と同時に、貴之《たかゆき》さんは英語の勉強もしなければなりませんでした。日本開催《かいさい》の大阪《おおさか》大会の時には、英語に通訳《つうやく》してくれる人がいました。でもロンドンでは、貴之《たかゆき》さん自身が英語で発表する必要があります。

発表することをまとめた英文の原稿《げんこう》がおかしくないか、発音はだいじょうぶか、英語があまり得意でない貴之《たかゆき》さんは心配でした。

(助けてくれる人はいないかな)

探《さが》してみたところ、協力してくれる人が見つかりました。パソコン通信の天文フォーラムで知り合った、池田《いけだ》さんという人です。翻訳《ほんやく》の仕事をしていた池田《いけだ》さんは、ていねいに英語の発表を指導《しどう》してくれました。

「うまく話そうなんて考えずに、ゆっくりはっきり話せばいいから」

池田《いけだ》さんは、やさしくはげましてくれます。

一九九八年六月、いよいよロンドンに出発する日が近づいてきました。
一　本体を、大人一人で持ち運べる重さにすること
二　大きさは、家の車に乗せられるサイズにすること
三　アストロライナーよりも、美しい星空を映《うつ》しだせるようにすること
三つの課題は、ぎりぎりですが達成することができました。

最終的に投影機《とうえいき》本体の大きさは、二十四キロにおさえられました。計画通り、手荷物として運べそうです。

いっしょにロンドンに行く大学の後輩《こうはい》の内野《うちの》さんは、

「なるほど、いいですね」

と、おもしろがってくれました。

ロンドンには世界各国からさまざまなプラネタリウム関係者が集まりますが、手荷物で投影機《とうえいき》を持って来る人なんて、だれもいません。科学館に設置《せっち》されている投影機《とうえいき》の重さは数トンもあるのですから。

「小型軽量がウリだからね」

会場に集まった人たちがおどろくのを想像《そうぞう》し、貴之《たかゆき》さんはにっと笑いました。手づくりの木箱に入れた投影機《とうえいき》を、お父さんの車に積み込《こ》みます。

空港までの車の運転は、お父さんがしてくれました。そして内野《うちの》さんと貴之《たかゆき》さんと新しい投影機《とうえいき》は無事、ロンドン行きの飛行機に乗り込《こ》んだのでした。

新しい投影機《とうえいき》のことを、この時はアストロライナー・Ⅱ《ツー》と呼《よ》んでいました。のちに貴之《たかゆき》さんはこれを、一〇〇万個《こ》の星にちなんで「メガスター」と名付けます。メガには、一〇〇万という意味があります。

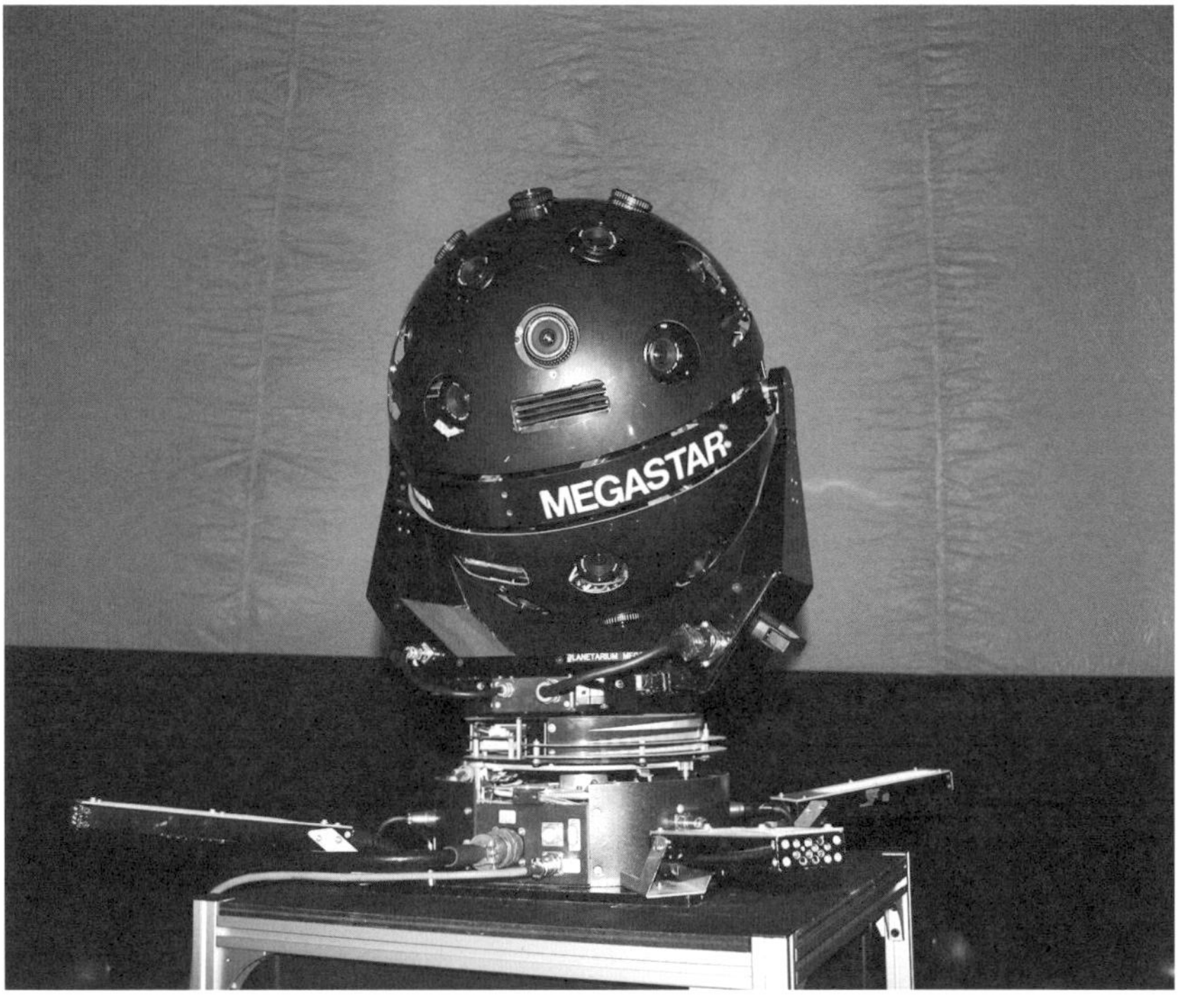

プラネタリウム投影機《とうえいき》アストロライナー・Ⅱ《ツー》、のちのメガスター
32分割《ぶんかつ》レンズ式（投影《とうえい》星数150万個《こ》→170万個《こ》→410万個《こ》へ改良）

8　ワンミリオン（一〇〇万個《こ》）の星

「ミスター・オオヒラ！」

明るい声に呼《よ》び止められ、貴之《たかゆき》さんはふり返りました。そこには、大阪《おおさか》大会で出会ったスーザン・レイノルズさんが立っていました。

「やって来ましたよ」

「ようこそ、ロンドンへ」

貴之《たかゆき》さんは、スーザンさんと握手《あくしゅ》をしてあいさつを交わしました。

今日は開会式のあと、パーティーがあります。

パーティーでは、スーザンさんの他にも大阪《おおさか》大会で知り合った人たちが、たくさん声をかけてきてくれました。

「ただ飲み食いしている場合じゃないよな」

「大いにアピールしなくちゃ」

貴之《たかゆき》さんと内野《うちの》さんは、こそこそ話しました。

今日のパーティーは、明日の発表を宣伝《せんでん》する場なのです。

明日は、いくつもの発表が行われます。集まった人たちは、おのおの好きな発表をのぞきます。多くの人に興味《きょうみ》を持ってもらえれば、多くの人に見に来てもらえます。

大きな会社や有名な人の発表は、宣伝《せんでん》しなくても多くの人が集まるでしょう。けれど貴之《たかゆき》さんは会社の仕事で来ているのではないし、有名でもありません。つまり宣伝《せんでん》しなければ人が集まってくれません。

英語が苦手だからといってはずかしがらずに、積極的にアピールすること。日本人はひかえ目になりがちだけれど、大げさなくらいでちょうどいい。それは発表の英語指導《しどう》をしてくれた池田《いけだ》さんからのアドバイスでした。

「日本からすごいプラネタリウム投影機《とうえいき》を持ってきたから、ぜひ見に来てください」

貴之《たかゆき》さんは勇気をだして、パーティーの参加者に池田《いけだ》さんのアドバイス通り話しかけました。

「すごいって、星の数は？」

質問《しつもん》が返ってくると、貴之《たかゆき》さんは自信満々に答えます。

「ワンミリオン（一〇〇万個《こ》）だよ！」

すると、相手は首をかしげます。

（ワンミリオン？　この日本人は英語があまり得意じゃなさそうだから、言いまちがえているのかな）

そう思われているだろうと想像《そうぞう》して、貴之《たかゆき》さんはもう一度はっきり言いました。

「ワンミリオン！　一〇〇万個《こ》の星だよ。十一等星まで映《うつ》しだします」

「は？　十一等星なんてどうせ見えないのに、なぜそこまで。肉眼《にくがん》で見える六等星までで十分《じゅうぶん》だろう」

相手は、さらに首をかしげます。

「天の川をリアルに再現《さいげん》したかったんだ」

貴之《たかゆき》さんは、天の川というのは無数の星の集合体なのだから、暗くて見えない星まで映《うつ》しだすことで奥行《おくゆ》きが出て、より本物の天の川に近くなるのだと説明《せつめい》しました。

「へえー、なるほど」

いまいちピンと来ない顔をしながらも、「おもしろそうだな。よし、見に行ってみよう」と声をかけたほとんどの人が、約束してくれました。

翌日《よくじつ》、ついに発表の日がやってきました。

メガスターの発表場所は、ロビーに設置《せっち》された直径六メートルのドームの中です。

約三十人の人たちが入れるほどの大きさで、有名な会社の発表に比《くら》べたらこぢんまりとしていました。

それでも貴之《たかゆき》さんにとっては、十分《じゅうぶん》です。趣味《しゅみ》でつくった投影機《とうえいき》が海をこえた晴れの場で、さまざまな国の人たちに見てもらえるのですから。

六メートルのドームで準備《じゅんび》をしていると、昨日興味《きょうみ》を持ってくれた人たちが、早くも集まってきました。そして貴之《たかゆき》さんと内野《うちの》さんが運んできたメガスターの入っている箱を、めずらしそうに見ています。

「これに、プラネタリウム投影機《とうえいき》が入っているの？」

「ずいぶん小さいね」

集まった人のほとんどが、きっと思っています。こんなに小さくて、本当にワンミリオン（一〇〇万個《こ》）の星を映《うつ》せるのかと。

（みんな、あっとおどろくぞ）

貴之《たかゆき》さんはわくわくしつつ、

（うまくいくかな）

と、不安でもあります。

発表の時間はまだなのに、人がどんどん集まってきます。貴之《たかゆき》さんと内野《うちの》さんは緊張《きんちょう》しながら、準備《じゅんび》を進めました。

箱の中から出てきたプラネタリウム投影機《とうえいき》を見て、集まった人たちは興味《きょうみ》しんしんです。

「これが君《きみ》のプラネタリウム投影機《とうえいき》かい。レンズ式なの!?」

「趣味《しゅみ》でつくったと言うから、てっきりピンホール式だと思ってたよ」

「本当に小さい、それに変わった形だな。どんな構造《こうぞう》になっているんだ？」

「早く見たい！」

集まった人たちは、待ちきれないと発表をせかします。

「まだ予定時間じゃないですから」

貴之《たかゆき》さんが説得しても、

「予定時間になったら、もう一度発表すればいい」

と、集まった人たちは言います。

「ふう、しかたないか」

貴之《たかゆき》さんは予定より早く、発表をはじめることにしました。

英語の発表の原稿《げんこう》を広げ、最終確認《かくにん》をします。池田《いけだ》さんと何度も練習してきましたから、全部暗記しています。

(落ち着いて、うまく話そうなんて考えずに、ゆっくりはっきり)

貴之《たかゆき》さんは深く息をすい、はき出しました。

さあ、スタートです！

「もし一〇〇万個《こ》の星を投影《とうえい》できるプラネタリウムがあったら？

そんなプラネタリウムを自由に持ち運べたら？

ぼくはここに、そんな夢《ゆめ》にこたえるためにやって来ました」

集まった人たちは、静かに聞いてくれています。英語は伝わっているようです。

それから自己紹介《じこしょうかい》をし、これまでの製作過程《せいさくかてい》を話しました。高校生の時から改良を重ね、やっとメガスターを完成させたこと、それを個人《こじん》でやってきたこと。

集まった人たちは、真剣《しんけん》な顔で貴之《たかゆき》さんとメガスターを見つめています。

貴之《たかゆき》さんは、自分がものすごい力持ちではないと前置きしたうえで、メガスターを持ちあげて見せました。

「ほら、こんなに軽いんですよ」

「おおー」

期待通りの反応《はんのう》です。

「大人一人で持ち運びできる投影機《とうえいき》。それは、メガスターの大きな特徴《とくちょう》です」

貴之《たかゆき》さんは、自信を持って言いました。

「なるほど、小さいうえに軽いんだな」

「それなら、移動《いどう》しやすいわね」

「コンパクトでかわいい」

初めて見るユニークな投影機《とうえいき》に、みんなの目がかがやきます。

次に、いよいよ星空を映《うつ》しだします。明かりが消え暗くなったドームに、メガスターが一〇〇万個《こ》の星々を投影《とうえい》しました。

（どうだ？）

貴之《たかゆき》さんは、集まった人たちの反応《はんのう》を待ちました。

ドームの天井《てんじょう》に現《あらわ》れた天の川は、これまでのプラネタリウムの天の川とは確実《かくじつ》にちがいます。

たくさんの星々の集合体であるメガスターの天の川は、本物のように奥行《おくゆ》きがあります。見えないのに映《うつ》してどうするのだ、そう言われても、そこにこだわってきました。暗い星まで再現《さいげん》することで濃淡《のうたん》が生まれ、より本物に近い星空になっています。他にない、これまでにない星空であるはずです。

とはいえ、この大会に間にあわせるためにあきらめた機能《きのう》もありますし、完《かん》ぺきかと問われれば、そうではありません。

けれど、心配は無用でした。投影《とうえい》がはじまるとすぐに反応《はんのう》がありました。

みんなが興奮《こうふん》しているのが伝わってきます。ドーム内は大きな拍手《はくしゅ》につつまれました。

貴之《たかゆき》さんと内野《うちの》さんは、感動にふるえました。成功です!

貴之《たかゆき》さんのもとに、みんなが近よってきました。

「とても美しい星空だった、感動したよ!」

「君《きみ》が一人でつくったなんて、信じられないよ!」

「ねえ、いくらで売るつもり?」

貴之《たかゆき》さんは名刺《めいし》を交換《こうかん》しながら、一人ひとりと言葉を交わしました。

大成功の余韻《よいん》にゆっくりひたっていたいところですが、そんな余裕《よゆう》はありません。

二回目の発表の準備《じゅんび》に、急いで取りかからなくてはなりません。

せかされて早くやってしまいましたが、正しい発表時間に合わせて、また三十人ほどの人たちが集まってきました。

「もし一〇〇万個《こ》の星を投影《とうえい》できるプラネタリウムがあったら?」

貴之《たかゆき》さんは二回目の発表をはじめます。

今度は、先ほどよりも、やや落ち着いて話せている気がしました。本体を持ちあげる時には、自分は筋肉質《きんにくしつ》ではないと身ぶりでアピールしてみせる余裕《よゆう》もありました。

今回の投影後《とうえいご》も、一回目と同じように大きな拍手《はくしゅ》が起こり、

「すごいすごい！」

「こんな天の川、初めて見たよ！」

と、興奮《こうふん》した人たちが貴之《たかゆき》さんを取り囲みました。

一回の予定だったのに二回も発表できて、貴之《たかゆき》さんは満足でした。

それだけでも幸運なのに、さらにうれしいことがありました。最終日、特別にもう一回発表できることになったのです。

二回の発表に集まってくれた人たちが、「オオヒラという日本人のプラネタリウムが、すごい」と、他の人たちに広めてくれたようです。それで興味《きょうみ》を持った参加者の、ぜひ自分も見てみたいという声が、大会の事務局《じむきょく》に届《とど》いたとのこと。

「見たい人がたくさんいるので、臨時投影《りんじとうえい》をしませんか？」

「もちろん、やらせてください！」

事務局《じむきょく》からの申し出を、貴之《たかゆき》さんはありがたく受け入れました。

そうして合計三回の発表を無事に終え、貴之《たかゆき》さんと内野《うちの》さんは帰国しました。


日本に帰って来た貴之《たかゆき》さんは、製作途中《せいさくとちゅう》のメガスターをまず完成させることにしました。

とりあえずロンドンに持って行くために、先送りにした機能《きのう》を仕上げます。

恒星原板《こうせいげんばん》も惑星投影機《わくせいとうえいき》も、それから架台回転装置《かだいかいてんそうち》もまだ未完成です。

「一つずつ取り組んでいこう」

やるべきことはまだあります。

けれど、貴之《たかゆき》さんの目標に向かってつき進む心には、変化がありました。

（メガスターを完成させて、それでどうする？）

ロンドン大会では、多くの参加者、つまりプラネタリウム関係者から「おめでとう！」という言葉をもらいました。アマチュア製作者《せいさくしゃ》としては、最高の喜びでした。

（メガスターが完成したら、またみんなに見せて、すごいとほめてもらうだけ？）

自分はそれで満足なのだろうか、それでいいんだろうか。貴之《たかゆき》さんは考えます。

（ぼくにとって、プラネタリウムとは一体何なんだろう）

それは、ロンドン大会で成功したからこそ生まれてきた疑問《ぎもん》でした。

9　フュージョン

ロンドン大会のあと、貴之《たかゆき》さんとメガスターの評判《ひょうばん》は世界中に広まっていきました。持ち運び可能《かのう》なメガスターは、街中で行われる期間限定《きかんげんてい》のイベントで使われ、プラネタリウムに興味《きょうみ》のなかった人たちを感動させました。

イベントの様子はテレビや雑誌《ざっし》で紹介《しょうかい》され、貴之《たかゆき》さん自身がテレビ出演《しゅつえん》して、インタビューを受けることも増《ふ》えました。

イベントにやって来た人たちが星空をながめ、

「きれいだねえ」

「プラネタリウムって、いいもんだね」

と口々に話すのを聞き、貴之《たかゆき》さんはとても幸せでした。

会社でエンジニアの仕事をしながら、プラネタリウムの仕事もこなしました。そんな日々の中で、自分にとってプラネタリウムとは何なのか？　という疑問《ぎもん》の答えは、だんだん見えてきました。

夜光塗料《やこうとりょう》をぬった星を部屋のかべにはり、初めてクラスの子たちを招《まね》いた時のことを思い出します。

(あの日、クラスメイトが喜んでくれてうれしかった気持ちと、今イベントにやって来て星空に感動してくれた人たちの声を聞いて幸せな気持ちは、同じだな)

ものをつくるのが好きで、子ども時代から熱中してきたプラネタリウムの製作《せいさく》。ものをつくるのが好きなだけなら、別にプラネタリウムでなくても良かったかもしれません。

(ぼくがプラネタリウムをつくるのは、みんなに喜んで欲《ほ》しいからかもしれない)

二〇〇三年五月、貴之《たかゆき》さんは会社を辞め、プラネタリウムを製作《せいさく》する仕事をしていく決意をしました。

そして会社を辞めて半年後、メガスターを改良したメガスター・Ⅱ《ツー》の特別投影《とうえい》を、川崎《かわさき》市青少年科学館で開催《かいさい》しました。

科学館に設置《せっち》されたメガスター・Ⅱ《ツー》を、やさしい目で見つめるのは、川崎《かわさき》市青少年科学館の館長、若宮《わかみや》さんです。初めて会った時に若宮《わかみや》さんが言ってくれた言葉を、貴之《たかゆき》さんは思い出します。「楽しみにしているよ、君《きみ》のプラネタリウム」本当に自分のプラネタリウムを、貴之《たかゆき》さんは若宮《わかみや》さんに見せることができました。

小学六年生の時に出会った若宮《わかみや》さんは、ずっと貴之《たかゆき》さんのプラネタリウムづくりを見守り続けてくれました。

「ついに自分でつくったプラネタリウムを、ここで投影《とうえい》する日が来た」

貴之《たかゆき》さんは、ぼさぼさの頭をかきました。身なりにかまわないのは、昔から変わりません。いえ、身なりだけでなく、熱中したらただまっすぐ走り続けるところも変わってはいません。変わったのは、いじめられっ子で一人ぼっちだった貴之《たかゆき》さんに、興味《きょうみ》を持ち声をかける人がたくさんできたということです。投影《とうえい》を手助けしてくれる仲間もいます。

二〇〇四年七月には、東京にある日本科学未来館に、新型機メガスターⅡ《ツー》コスモスが常設《じょうせつ》されました。

これまで期間限定《きかんげんてい》のイベント投影《とうえい》だけでしたが、常設《じょうせつ》は初めてのことでした。しかも日本科学未来館は、日本を代表するとても大きな科学館です。

力をつくしてくれたのは、日本科学未来館館長、宇宙飛行士《うちゅうひこうし》の毛利衛《もうりまもる》さんでした。毛利《もうり》さんは、日本科学未来館での期間限定《きかんげんてい》のメガスター・Ⅱ《ツー》の投影《とうえい》を見たあと、貴之《たかゆき》さんにこう言いました。

「本物の星空を映《うつ》しだす、最高のプラネタリウムをいっしょにつくりませんか?」

夢《ゆめ》のような申し出でした。貴之《たかゆき》さんに断《ことわ》る理由はありません。まもなくプロジェクトチームが組まれ、日本科学未来館のための新しいメガスター開発がスタートしたのです。

完成したメガスター・Ⅱ《ツー》コスモスが映《うつ》しだす星の数は五六〇万個《こ》で世界最多、惑星投影機《わくせいとうえいき》も備《そな》えていました。公開当初から話題となり、チケットは連日売り切れになりました。

そしてメガスター・Ⅱ《ツー》コスモスは、「世界で最も先進的なプラネタリウム」

メガスター・Ⅱ《ツー》コスモス

として、なんとギネスワールドレコーズにも認定《にんてい》されました。

二〇〇五年、三十五歳《さい》の貴之《たかゆき》さんは有限会社大平技研《ゆうげんがいしゃおおひらぎけん》を設立《せつりつ》。ずっと家の二階の部屋が実験室で作業場でしたが、ついに別の場所に作業場のある事務所《じむしょ》をつくりました。

「これから、もっとがんばるぞ。スタッフも増《ふ》やしていこう」

会社をつくったきっかけは、JAXA《ジャクサ》（宇宙航空研究開発機構《うちゅうこうくうけんきゅうかいはつきこう》）との共同開発の仕事でした。メガスターの星空とデジタル式の映像《えいぞう》を組み合わせる技術《ぎじゅつ》は、この時に生まれました。

デジタル式の映像《えいぞう》では、恒星原板《こうせいげんばん》に穴《あな》を開けて投影《とうえい》するレンズ式とはちがい、コンピュータグラフィックスでつくった映像《えいぞう》を、デジタルプロジェクターを使って映《うつ》しだします。

レンズ式とデジタル式、貴之《たかゆき》さんはこの二つの良いところをうまく組み合わせ、新しいメガスターづくりに力を注ぎました。

原動力となるきっかけとなったのは、ある人の言葉でした。

「いつまでも星の数だけで競うつもりですか？」

するどい意見に、確《たし》かにそれではいけないと貴之《たかゆき》さんは思いました。でも、実は自分でもすでに気づいていたことでした。

ロンドン大会で一〇〇万個《こ》の星を達成したあともメガスターは改良を重ね、星の数は増《ふ》え続けています。けれど他社のプラネタリウムも進化し、その数はすでにぬかれてしまっていました。またさらに数を増《ふ》やして勝つだけではだめです。

「温めている構想《こうそう》があります。今まではちがう新しいプラネタリウムを完成させて、お見せします」

ある人からの質問《しつもん》に、貴之《たかゆき》さんはそう答えました。

ある人というのは、日本科学未来館館長の毛利《もうり》さんでした。温めている構想《こうそう》というのは、レンズ式とデジタル式を組み合わせることだったのです。

二〇〇五年は、会社設立《せつりつ》やＪＡＸＡ《ジャクサ》との共同開発の他にも、大きなことがあった年でした。

まず、玩具《がんぐ》メーカーのセガトイズと協力し開発してきた家庭用プラネタリウム「ホームスター」を発売しました。ホームスターは手軽に楽しめる家庭用ながら、

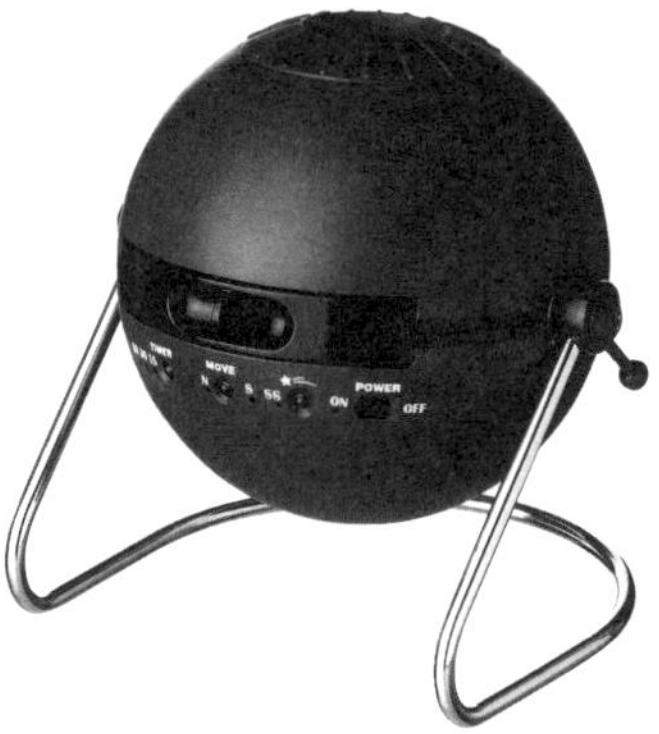

ホームスター

ちゃんと恒星原板《こうせいげんばん》を使ったレンズ式であり、世界初の商品でした。映《うつ》しだされる星空のクオリティーが高く話題になり、生産が追いつかないほどのヒット商品となりました。

次に、貴之《たかゆき》さんをモデルにしたテレビドラマが制作《せいさく》されました。メガスターを完成させるまでの道のりが、描《えが》かれた二時間ドラマでした。

貴之《たかゆき》さんのテレビコマーシャル出演《しゅつえん》もありました。メガスターの星空の下で、俳優《はいゆう》といっしょに貴之《たかゆき》さんがコーヒーを飲むというものでした。

ドラマとコマーシャルが放送されたことで、貴之《たかゆき》さんとメガスターはますます有名になりました。

大平技研《おおひらぎけん》は大いそがしでした。貴之《たかゆき》さんは、五人に増《ふ》えたスタッフと、全国各地のイベントや科学館などで投影《とうえい》を行いました。

そうして二〇〇八年。個人《こじん》ではなく大平技研《おおひらぎけん》として、IPS《アイピーエス》（国際《こくさい》プラネタリウム協会）のシカゴ大会に参加するのです。

二〇一二年、貴之《たかゆき》さんは理想のプラネタリウムを完成させました。メガスター・Ⅲ《スリー》フュージョンです。

フュージョンというのは融合《ゆうごう》という意味で、レンズ式とデジタル式を合わせたプラネタリウムなので、貴之《たかゆき》さんはそう名付けました。レンズ式とデジタル式の融合《ゆうごう》は、長年の貴之《たかゆき》さんと大平技研《おおひらぎけん》の課題でした。

「デジタル式の可能性《かのうせい》は大きいよね。恒星《こうせい》の数を自由に変化させたり、色をつけたりできるし、ずいぶん画像《がぞう》も良くなってきた。でも強い星のかがやきは、やっぱりレンズ式にはかなわない。ぼくは、両方のいい所を合わせたいんだ」

貴之《たかゆき》さんがこだわるのは、昔から変わらず本物に近い星空づくりです。

「デジタルで映《うつ》しだされた物体に、レンズ式から映《うつ》しだされた星が重なって見えるのはおかしい。デジタル式とレンズ式を同時に使いながらも、見ている人がわからないくらい、自然に見せたいんだ」

貴之《たかゆき》さんは、スタッフに説明しました。これまでのプラネタリウムでは、地平線上の建物や飛行機、雲が前にあっても、その上に星が重なって映《うつ》しだされていました。

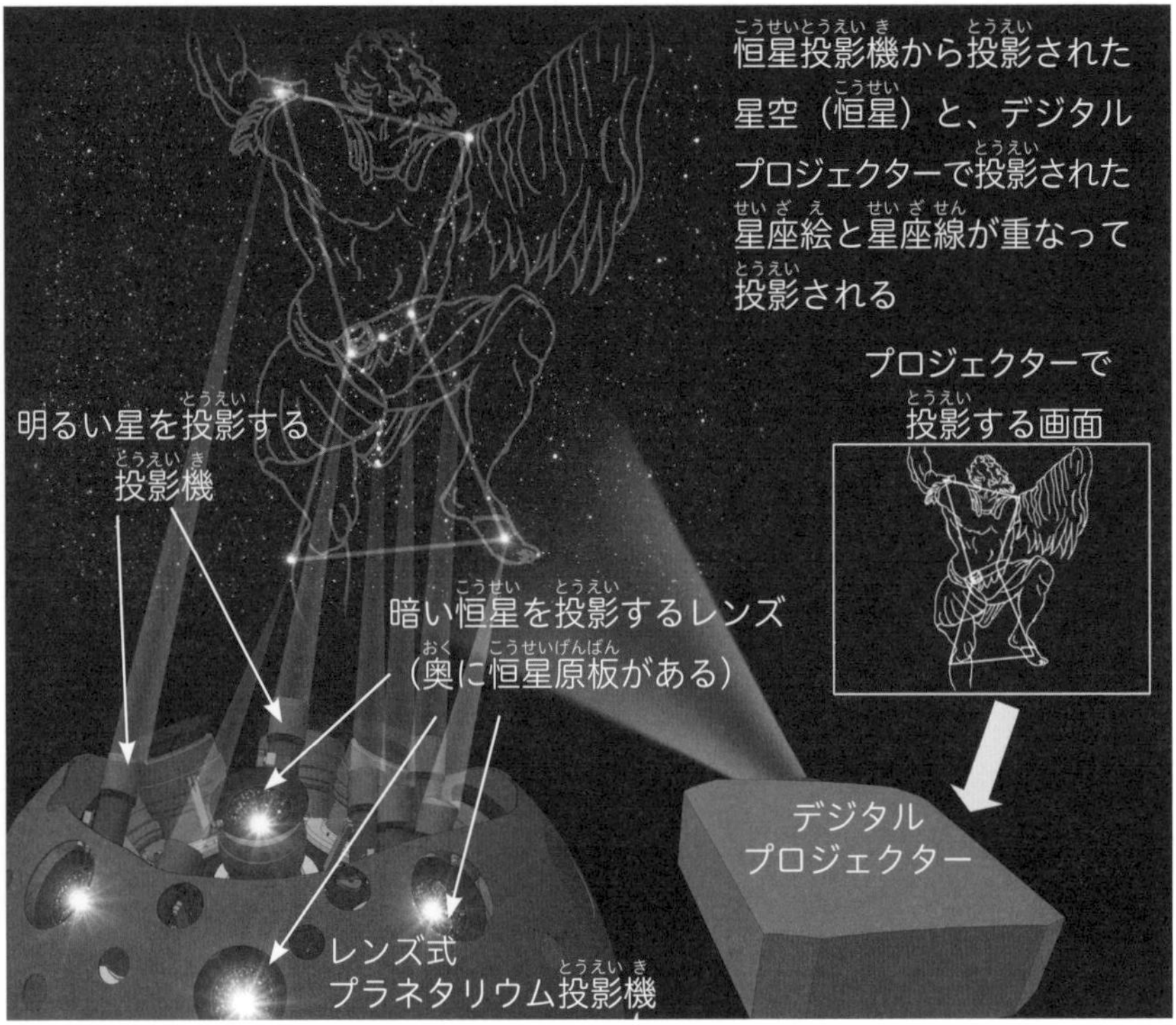

レンズ式とデジタル式を合わせたハイブリット式プラネタリウムの構成《こうせい》

フュージョン方式
貴之《たかゆき》さんがめざすのは、飛行機の上に星が重ならないリアルな星空

今までのプラネタリウム　飛行機の上に星が重なって見える

メガスター・Ⅲ《スリー》フュージョンでは、飛行機や雲に重なった星は、かくれて見えなくなります。

「なるほど」

スタッフたちは、うなずきました。

このメガスター・Ⅲ《スリー》フュージョンを初めて設置《せっち》することになったのは、川崎《かわさき》市青少年科学館でした。

古くなってきた設備《せつび》を新しくする計画が持ちあがった時、若宮《わかみや》さんはすでに館長を退職《たいしょく》していましたが、貴之《たかゆき》さんのプラネタリウムをすすめてくれたのでした。

デジタルの映像《えいぞう》による美しい景色とまたたく星々が融合《ゆうごう》した投影《とうえい》。オープニングの式典で、初めてフュージョンの投影《とうえい》を見た人たちは、新しいプラネタリウムの誕生《たんじょう》を心から祝福してくれました。

若宮《わかみや》さんは、

「飛行機のつばさの後ろに、きちんと星がかくれるのです。星が物にかくれるという技術《ぎじゅつ》は、今まで見たことがありません。大平《おおひら》くんは、世界最新で最高のプラネタリウムをつくりあげてくれました」

と、スピーチしてくれました。

そして貴之《たかゆき》さんにはもう一人、このメガスター・Ⅲ《スリー》フュージョンの投影《とうえい》を見て欲《ほ》しい人がいました。

二〇一四年、千葉県立現代産業科学館《げんだいさんぎょう》。

さらに改良を重ねた12K《ケー》メガスター・フュージョンによるプラネタリウム上映会《じょうえいかい》が行われるのは、直径二十三メートルの大きなドームです。

「星のある風景」というタイトルのプログラムは、日本の那智《なち》の滝《たき》やグアム島の風にゆれるヤシの木、南極のオーロラなど世界各地の風景と満天の星を楽しめます。シナリオづくりも録音した解説《かいせつ》も、貴之《たかゆき》さんが担当《たんとう》しています。

見ている人たちは、貴之《たかゆき》さんの心地よい解説《かいせつ》に導《みちび》かれながら、次々と現《あらわ》れる迫力《はくりょく》のある映像《えいぞう》に引き込《こ》まれ、まるで空を飛びながら旅をしているような気分になりました。さまざまなシチュエーションの美しい星空にも、大満足です。

千葉県立現代《げんだい》産業《さんぎょう》科学館

12K《ケー》メガスター・フュージョンの映《うつ》しだす星空

本来は見ることができないビルの明かりと星空がいっしょに見られるのは、フュージョン式プラネタリウムならでは。

「すばらしい投影《とうえい》でした。大平《おおひら》さんは、わたしの宿題にみごとに答えてくれました」

そう絶賛《ぜっさん》してくれたのは、毛利《もうり》さんです。

かつて「いつまでも星の数だけで競うつもりですか?」という毛利《もうり》さんのするどい言葉に対し、貴之《たかゆき》さんは「今までとはちがう、新しいプラネタリウムをお見せします」と約束しました。

毛利《もうり》さんはいそがしい中、仕事が休みの日に、プラネタリウム上映会《じょうえいかい》をわざわざ見に来てくれました。約束をはたすために貴之《たかゆき》さんはがんばってきましたが、毛利《もうり》さんもあの日の言葉を忘《わす》れず、楽しみにしていてくれたのです。

千葉県立現代産業《げんだいさんぎょう》科学館のプラネタリウム上映会《じょうえいかい》は、その後も行われ、新しいプログラムを発表しています。

二〇一六年の「星のある風景~宇宙《そら》~」では、地球をはなれ宇宙《うちゅう》に飛びだす内容《ないよう》でした。二〇一八年の「Ancient Stars《アンシエントスターズ》~50万年前の星空~」では、タイトル通り五十万年前の古代の星空を再現《さいげん》しました。

エンターテインメント性《せい》の高い12K《ケー》メガスター・フュージョンの投影《とうえい》は大好評《だいこうひょう》で、チケットを求める人々で朝から長い行列ができるほど。さらに貴之《たかゆき》さんが投影解説《とうえいかいせつ》をする回は、特に人気です。

小学生の時、夜光塗料《やこうとりょう》の星でつくりはじめたプラネタリウムは、貴之《たかゆき》さんの世界をどんどん開いていってくれました。世界が広がると、貴之《たかゆき》さんの交友関係も広がっていきました。

高校時代の物理部天文班《てんもんはん》では仲間ができました。国際《こくさい》プラネタリウム協会の大会に参加することで、出会った人たちがいました。そして若宮《わかみや》さんや毛利《もうり》さんとの、かけがえのない出会いもありました。

（人づきあいがうまくなったわけじゃないけど、プラネタリウムは、ぼくの所に人を連れて来てくれる）

イベントの仕事では、刺激的《しげきてき》なクリエーターたちとも知り合います。さらに今、大平技研《おおひらぎけん》には、十人をこえるスタッフたちがいます。

貴之《たかゆき》さんは思います。そんな予感がしていたんだよなと。

（プラネタリウムは、人と自分をつないでくれるかもしれないという予感が……）

二〇二〇年現在《げんざい》、メガスターは日本だけでなく、アメリカ、スペイン、インド、エストニア、ポーランドなど海外十二カ国の館にも常設《じょうせつ》されています。

貴之《たかゆき》さんと大平技研《おおひらぎけん》のスタッフたちは、もっとすごいプラネタリウムを開発しよう、たくさんの人にもっと楽しんでもらえるプラネタリウムをつくろうと、今もわくわくしながら仕事をしています。

「遊園地を丸ごとおおうぐらい大きなドームをつくって、そのドーム一面に星空を映《うつ》しだせたら、すごくない？　天候にも左右されず、いつでもベストな星空を見ることができるんだ」

今日も貴之《たかゆき》さんは、冗談《じょうだん》のような夢《ゆめ》のようなアイデアを語ります。

「そりゃ、ユニークですね」

「まあ、ね、本当にできたらすごいですけど」

「もうSF《エスエフ》の世界ですね、あははは」

スタッフたちは笑いますが、貴之《たかゆき》さんは大真面目《おおまじめ》です。

「将来的《しょうらいてき》には、街全体をおおうドームに星空を映《うつ》そう。ギガニウムだ！」

ギガとは十億の意味です。さすがにそれは無理なのでは……とスタッフたちでさえ思いますが、貴之《たかゆき》さんなら実現《じつげん》してしまうかもしれません。

メガスターの主な設置館一覧《せっちかんいちらん》

日本の施設《しせつ》

施設名《しせつめい》	都市名	種類
もいわ山展望台《てんぼうだい》	北海道札幌《さっぽろ》市	メガスター・Ⅱ B《ツー ビー》
SL《エスエル》銀河《ぎんが》・JR《ジェーアール》東日本・釜石線《かまいしせん》	岩手県 花巻《はなまき》ー釜石《かまいし》間	メガスター・Jr.《ジュニア》
日立シビックセンター	茨城《いばらき》県日立市	メガスター・Ⅱ A《ツー エー》
東大和市立郷土《きょうど》博物館	東京都東大和市	メガスター・Ⅱ B《ツー ビー》
日本科学未来館	東京都江東《こうとう》区	メガスター・Ⅱ《ツー》コスモス メガスター・ゼロ
プラネタリウム BAR《バー》	東京都港区	メガスター・ゼロ・プラチナム メガスター・クラス
坂戸児童センター	埼玉《さいたま》県坂戸市	メガスター・フュージョン
川崎《かわさき》市青少年科学館 (かわさき宙《そら》と緑の科学館)	神奈川《かながわ》県川崎《かわさき》市	メガスター・Ⅲ《スリー》フュージョン
RAKU SUPA《ラク スパ》 鶴見《つるみ》(極楽湯)	神奈川《かながわ》県横浜《よこはま》市	メガスター・Jr.《ジュニア》
神奈川《かながわ》工科大学厚木《あつぎ》市子ども科学館	神奈川《かながわ》県厚木《あつぎ》市	メガスター・Ⅱ B《ツー ビー》アツギ
啓進塾《けいしんじゅく》	神奈川《かながわ》県	メガスター・ゼロ
宙《そら》の学校	神奈川《かながわ》県逗子《ずし》市	メガスター・ゼロ メガスター・クラス
道の駅・富士川楽座《ふじかわらくざ》	静岡県富士《ふじ》市	メガスター・Ⅱ A《ツー エー》 メガスター・クラス
山梨《やまなし》県立科学館	山梨《やまなし》県甲府《こうふ》市	メガスター・Ⅱ A《ツー エー》カイセイ
銀河《ぎんが》の里キゴ山 (キゴ山ふれあい研修《けんしゅう》センター)	石川県金沢《かなざわ》市	メガスター・ネオカナザワ
藤橋城《ふじはしじょう》・西美濃《にしみの》プラネタリウム	岐阜《ぎふ》県揖斐《いび》郡	メガスター・Ⅱ B《ツー ビー》
PHEV《ピーエイチイーブイ》_World《ワールド》 三菱《みつびし》自動車工業 岡崎製作所《せいさくじょ》 技術《ぎじゅつ》センター内	愛知県岡崎市	メガスター・クラスプロトタイプ
奈良《なら》市教育センター	奈良《なら》県奈良《なら》市	メガスター・ゼロ
伊丹《いたみ》市立こども文化科学館	兵庫県伊丹《いたみ》市	メガスター・Ⅱ B《ツー ビー》イタミ

世界の施設《しせつ》

施設名《しせつめい》	国・都市名	種類
ネルー・プラネタリウム	インド・デリー	メガスター・Ⅱ《ツー》 B《ビー》
カバラティ・サイエンス・ ミュージアム＆プラネタリウム	インド・ ラクシャドウィープ	メガスター・Ⅱ《ツー》 B《ビー》
アハー・サイエンス・センター	エストニア・タルトゥ	メガスター・Ⅱ《ツー》 A《エー》 メガスター・ゼロ
コペルニクス・サイエンス・センター	ポーランド・ ワルシャワ	メガスター・Ⅱ《ツー》 A《エー》
ガリレオ・ガリレイ・プラネタリウム	アルゼンチン・ ブエノスアイレス	メガスター・Ⅱ《ツー》 A《エー》
ナコーン・ラチャーシマ・ プラネタリウム	タイ・コラット	メガスター・Ⅱ《ツー》 A《エー》
サー・トーマス・ブリスベン・ プラネタリウム	オーストラリア・ ブリスベン	メガスター・Ⅱ《ツー》 B《ビー》
カザン大学プラネタリウム	ロシア・カザン	メガスター・Ⅱ《ツー》 A《エー》
フィスク・プラネタリウム コロラド大学ボルダー校内	アメリカ・コロラド州 ボルダー	メガスター・Ⅱ《ツー》 A《エー》
ハドソン・リバー・ミュージアム	アメリカ・ニューヨーク州 ヨンカーズ市	メガスター・Ⅱ《ツー》 A《エー》
コンヤ・サイエンス・センター＆ プラネタリウム	トルコ・コンヤ	メガスター・Ⅱ《ツー》 A《エー》
シャールジャ天文＆宇宙《うちゅう》科学センター	UAE《ユーエーイー》・ シャールジャ	メガスター・Ⅱ《ツー》 A《エー》
金蓮山《グムリョンサン》青少年修練院	韓国《かんこく》・釜山《プサン》広域《こういき》市	メガスター・Ⅱ《ツー》 B《ビー》
マドリード・プラネタリウム	スペイン・ マドリード	メガスター・Ⅱ《ツー》 A《エー》
スワミ・ヴィヴェカナンダ・プラネタリウム	インド・ マンガロール	メガスター・Ⅱ《ツー》 A《エー》
大田《テジョン》市民天文台	韓国《かんこく》・大田《テジョン》広域《こういき》市	メガスター・ネオ
普賢山《ポヒョンサン》天文科学館	韓国《かんこく》・永川《ヨンチョン》市	メガスター・ネオ
密陽《ミリャン》アリラン宇宙《うちゅう》天文台	韓国《かんこく》・密陽《ミリャン》市	メガスター・Ⅱ《ツー》 A《エー》
ラフタ・センター・プラネタリウム 2020年中オープン予定	ロシア・ サンクトペテルブルグ	メガスター・Ⅱ《ツー》 A《エー》

国内19施設《しせつ》、海外12カ国19施設《しせつ》（2020年現在《げんざい》）

エピローグ（あとがき）

二〇一七年三月に伊丹《いたみ》市立こども文化科学館で行われた講演会《こうえんかい》で、わたしは大平貴之《おおひらたかゆき》さんに初めてお会いしました。

この講演《こうえん》でも貴之《たかゆき》さんは、ギガニウムのことを語っておられました。ユニークだけれど、かなり大きな夢《ゆめ》だなと思いました。

けれどすでに大平技研《おおひらぎけん》は、二〇一七年二月には日本武道館《にっぽんぶどうかん》で第一回めを、二〇一八年十一月には埼玉西武《さいたませいぶ》ライオンズの本拠地《ほんきょち》メットライフドームで二回めの実証実験《じっしょうじっけん》を行い、成功。

そして二〇一九年八月に再《ふたた》びメットライフドームで実施《じっし》した本番の投影《とうえい》はプロ野球の試合後に行ったため、約一万人がいっしょにドームの天井《てんじょう》に映《うつ》しだされた星空をながめました。

こんなに多くの人が、いっしょにプラネタリウムをながめたことはないでしょう。正真正銘《しょうしんしょうめい》、世界最大のプラネタリウムです。

ギガニウムの仕組みは、従来《じゅうらい》のレンズを使った光学式プラネタリウムとはまったく異《こと》なる技術《ぎじゅつ》を使っていて、今までと比《くら》べると千倍に達する光の出力で、広いドームの天井《てんじょう》に星空を再《さい》現《げん》するそうです。ドームに集まった数万人が同時に星空をながめることができる、画期的なプラネタリウムなのです。

街全体をおおうのはまだ無理でも、野球場ほどの大型ドームで成功したことで、星空を楽しむ可能性《かのうせい》はまたぐんと広がりました。ドームコンサートの演出《えんしゅつ》に使われても素敵《すてき》です。ドームなら雨が降《ふ》っても、問題ありません。わくわくします！　貴之《たかゆき》さんは、やっぱりすごいなあと感心するばかりです。

さて、伊丹《いたみ》市立こども文化科学館と貴之《たかゆき》さんとの出会いに話をもどします。

伊丹《いたみ》市立こども文化科学館には、子どもたちが楽しむことのできるプラネタリウムがあります。直径十四メートルで席数は百五十、映《うつ》しだされる恒星《こうせい》の数は約五〇〇万個《こ》。その星を映《うつ》しだすのは、メガスター・ⅡB《ツービー》イタミ。大平貴之《おおひらたかゆき》さんが伊丹《いたみ》市立こども文化科学館のためにつくった投影機《とうえいき》です。

ギガニウムのことを書いたあとでは、魅力《みりょく》がないように感じてしまうかもしれませんが、子どものためのこのプラネタリウムが、わたしは大好きです。

伊丹《いたみ》市立こども文化科学館の展示《てんじ》

アストロライナーとメガスター・ⅡB《ツービー》イタミの比較《ひかく》。
アストロライナーはドラマ撮影用《さつえいよう》のレプリカを展示《てんじ》。
アストロライナーと比《くら》べてメガスター・ⅡB《ツービー》イタミは、
半分以下の大きさ。

伊丹《いたみ》市立こども文化科学館のプラネタリウムは、子どものための投影《とうえい》が中心で、子どもたちが楽しめるように工夫されたプログラムになっています。

なかには、もう何回も何十回も足を運んでいる子もいるようです。貴之《たかゆき》さんの講演会《こうえんかい》には、そんな星好きな子どもたちがたくさん来ていました。それから貴之《たかゆき》さんファンや天文好きの大人も。

わたしはというと、貴之《たかゆき》さんについてほとんど何も知りませんでした。実はプラネタリウムを訪《おとず》れたのも、その時が初めて。貴之《たかゆき》さんをモデルに制作《せいさく》されたドラマを見たことがありましたが、かなり昔のことで、内容《ないよう》の多くは忘《わす》れてしまっていました。

記憶《きおく》に残っていたドラマのイメージで気難《きむずか》しい人かと思っていたら、ドームに現《あらわ》れた貴之《たかゆき》さんは親しみやすい感じの男性《だんせい》でした。

背《せ》が高くて、やわらかい声で話します。ものづくりが大好きだった子どもの時の話や、メガスター開発までの道のりを聞いているうちに、背《せ》の高い貴之《たかゆき》さんの向こうに、少年時代や青年時代の貴之《たかゆき》さんの姿《すがた》が見えました。

まわりにいくら無理だろうと言われても、あきらめない少年。何とか方法を考えだして、実現《じつげん》してしまう青年。貴之《たかゆき》さんにはエネルギーがあって、その生き方には力があると思いました。

講演《こうえん》を聞いた後に見る星空の美しさは、格別《かくべつ》でした。

わたしは、すっかり貴之《たかゆき》さんとメガスターのつくりだす星空のファンになってしまいました。

講演《こうえん》の最後に、貴之《たかゆき》さんは子どもたちの質問《しつもん》に答えていました。大きな体を折りまげ、子どもと目線を合わせて話す言葉はやさしく、子どもたちは目をかがやかせて貴之《たかゆき》さんを見つめていました。

(貴之《たかゆき》さんのこと、メガスターのこと、もっとたくさんの子どもたちに知って欲《ほ》しい。プラネタリウムのことも、もっとみんなに好きになって欲《ほ》しい！)

熱い思いを抱《いだ》いて帰ったその夜、わたしは一気にこの本の企画書《きかくしょ》を書きあげました。

それから何人もの方々にご協力いただき、資料《しりょう》集めや取材を経《へ》て、やっと本の形にすることができました。特に貴之《たかゆき》さんには、感謝《かんしゃ》の気持ちでいっぱいです。

貴之《たかゆき》さんのつくったプラネタリウムが映《うつ》しだす星空、ぜひみなさんに見て欲《ほ》しいです！

【大平貴之《おおひらたかゆき》さんのプラネタリウム開発の歴史】

一九七九年　九歳《さい》（小学四年生）
夜光塗料《やこうとりょう》をぬった紙を丸く切りぬいて、部屋に星空をつくる。

一九八〇年　十歳《さい》（小学五年生）
本のふろくを改良して卓上《たくじょう》ピンホール式プラネタリウムを製作《せいさく》。
杉浦《すぎうら》さんが引っこしてくる。

一九八一年　十一歳《さい》（小学六年生）
川崎《かわさき》市青少年科学館の若宮崇令《わかみやたかのり》氏に出会う。
レンズ式プラネタリウムの設計図《せっけいず》を描《か》く。

一九八二年　十二歳《さい》（中学一年生）
三十二面体の紙ピンホール式プラネタリウム製作《せいさく》。

一九八三年　十三歳《さい》（中学二年生）
固形燃料《こけいねんりょう》のロケットの発射《はっしゃ》実験に成功。

一九八五年　十五歳《さい》（高校一年生）
ピンホール式投影機《とうえいき》（投影《とうえい》星数六三〇〇個《こ》）プラネタリウム1号機《き》公開。

卓上《たくじょう》ピンホール式プラネタリウム

プラネタリウム1号機

一九八六年　十六歳《さい》（高校二年生）

ハレー彗星観測《すいせいかんそく》のため、オーストラリアへ行く。

リスフィルム式投影機《とうえいき》（投影《とうえい》星数一万六〇〇〇個《こ》）プラネタリウム2号機《き》公開。

一九八九年　十九歳《さい》（大学二年生）

自作の恒星《こうせい》ランプ点灯に成功。

一九九〇年　二十歳《さい》

プラネタリウム製作《せいさく》のため大学を一年休学。

電源《でんげん》メーカーでアルバイト、電源《でんげん》について学ぶ。

恒星原板製造装置《こうせいげんばんせいぞうそうち》「マイクロプロッター」開発。

一九九一年　二十一歳《さい》（大学三年生）

大学に復学《ふくがく》。

三十二分割《ぶんかつ》レンズ式投影機《とうえいき》（投影《とうえい》星数三万二〇〇〇個《こ》）プラネタリウム3号機「アストロライナー」を世界初、個人《こじん》で完成。

一九九二年　二十二歳《さい》（大学四年生）

アストロライナー転落破損事故《はそんじこ》。

プラネタリウム製作《せいさく》が卒業研究として認《みと》められる。

プラネタリウム2号機

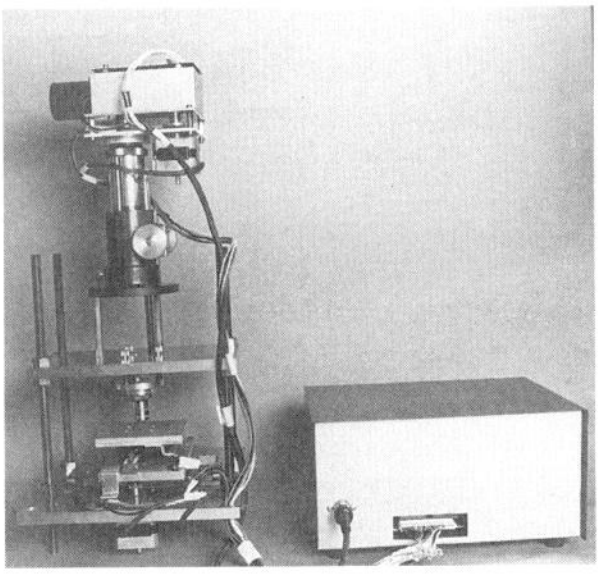

恒星原板製造装置《こうせいげんばんせいぞうそうち》
マイクロプロッター

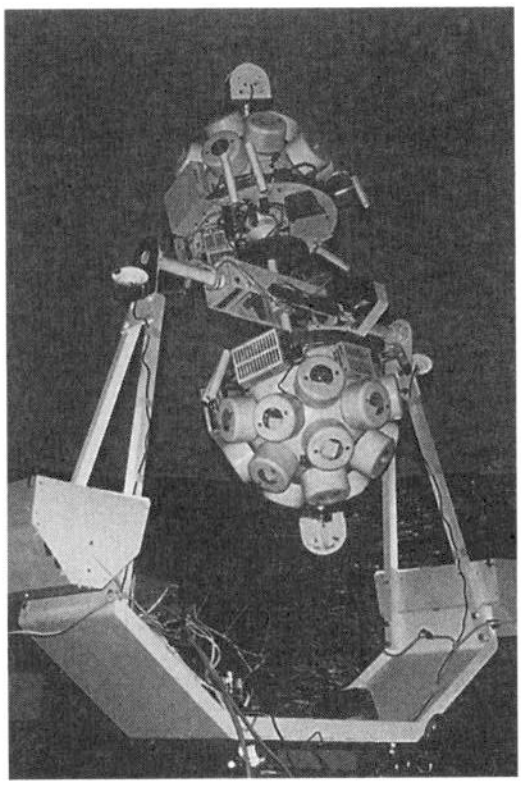

プラネタリウム3号機
アストロライナー

一九九四年　二十四歳《さい》（大学院一年生）

マイクロプロッター制御《せいぎょ》ソフト改良（投影《とうえい》星数四万五〇〇〇個《こ》）

一九九六年　二十六歳《さい》（就職《しゅうしょく》）

国際《こくさい》プラネタリウム協会・大阪《おおさか》大会で「アストロライナー」の発表。

一九九八年　二十八歳《さい》

恒星原板製造装置《こうせいげんばんせいぞうそうち》「スーパーマイクロプロッター」開発。

国際《こくさい》プラネタリウム協会・ロンドン大会で二十六分割《ぶんかつ》レンズ式投影機《とうえいき》（投影《とうえい》星数一五〇万個《こ》）「アストロライナー・Ⅱ《ツー》」を発表。

その後改良し、三十二分割《ぶんかつ》レンズ式投影機《とうえいき》（投影《とうえい》星数四一〇万個《こ》）「メガスター・Ⅰ《ワン》」として発表。

投影《とうえい》星数でプラネタリウムの歴史をぬりかえる。

二〇〇三年　三十三歳《さい》（退職《たいしょく》）

三十二分割《ぶんかつ》レンズ式投影機《とうえいき》（投影《とうえい》星数四一〇万個《こ》、後に一〇〇〇万個《こ》に改良）「メガスター・Ⅱ《ツー》フェニックス」開発。

二〇〇四年　三十四歳《さい》

三十二分割《ぶんかつ》レンズ式投影機《とうえいき》（投影《とうえい》星数五六〇万個《こ》、後に一〇〇〇万個《こ》に改良）「メガスター・Ⅱ《ツー》コスモス」開発。日本科学未来館に設置《せっち》。

恒星原板製造装置《こうせいげんばんせいぞうそうち》
スーパー
マイクロプロッター

メガスター・Ⅰ《ワン》

メガスター・Ⅱ《ツー》
フェニックス

「世界で最も先進的なプラネタリウム」としてギネスワールドレコーズの認定《にんてい》を受ける。

二〇〇五年　三十五歳《さい》

有限会社《ゆうげんがいしゃ》大平《おおひら》技研設立《ぎけんせつりつ》。

三十二分割《ぶんかつ》レンズ式投影機《とうえいき》（投影《とうえい》星数五三〇万個、後に一〇〇〇万個《こ》に改良）「メガスター・Ⅱ《ツー》タイタン」開発。

愛知万博出展《しゅってん》。

二〇〇六年　三十六歳《さい》

超小型《ちょうこがた》四分割《ぶんかつ》レンズ式投影機《とうえいき》（投影《とうえい》星数二二〇万～五〇〇万個《こ》）「メガスター・ゼロ」開発。

直径二十七センチ、十一キロ。世界最小のプラネタリウム投影機《とうえいき》。

二〇〇八年　三十八歳《さい》

三十二分割《ぶんかつ》レンズ式投影機《とうえいき》（投影《とうえい》星数二二〇〇万個《こ》）「スーパーメガスター・Ⅱ《ツー》」を国際《こくさい》プラネタリウム協会・シカゴ大会で発表。

十二分割《ぶんかつ》レンズ式投影機《とうえいき》（投影《とうえい》星数五〇〇万～一〇〇〇万個《こ》）「メガスター・ⅡB《ツービー》」開発。

メガスター・ⅡB《ツービー》は、二〇一一年に「世界で最も先進的なプラネタ

メガスター・Ⅱ《ツー》タイタン

メガスター・ゼロ

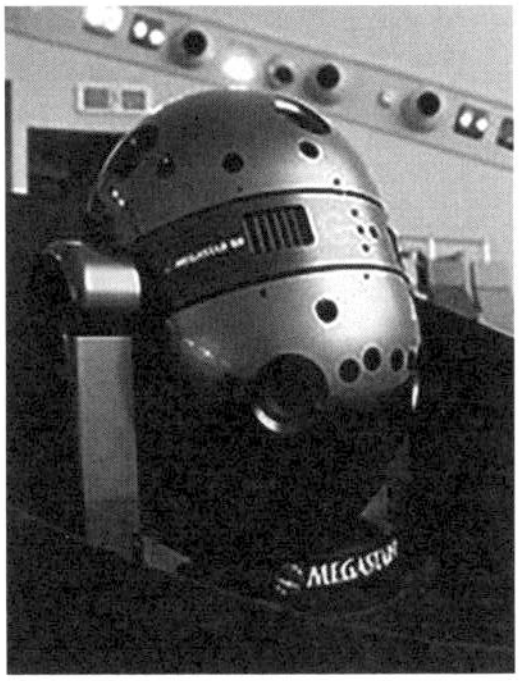

メガスター・ⅡB《ツービー》

リウム投影機《とうえいき》」としてギネスワールドレコーズの認定《にんてい》を受ける。

二〇〇九年　三十九歳《さい》
三十二分割《ぶんかつ》レンズ式投影機《とうえいき》（投影《とうえい》星数一〇〇〇万個《こ》）「メガスター・ⅡA《ツーエー》」開発。

二〇一二年　四十二歳《さい》
三十二分割《ぶんかつ》レンズ式投影機《とうえいき》（投影《とうえい》星数二〇〇〇万個《こ》）フージョンシステムに対応《たいおう》した投影機《とうえいき》「メガスター・Ⅲ《スリー》フュージョン」開発。

二〇一五年　四十五歳《さい》
世界最多の星数一〇億個《こ》の超精密恒星原板《ちょうせいみつこうせいげんばん》「ギガマスク」をソニーDADC《ディーエーディーシー》ジャパン（現《げん》ソニー・ミュージックソリューションズ）と共同開発。

二〇一六年　四十六歳《さい》
超小型単眼《ちょうこがたたんがん》レンズ式投影機《とうえいき》（投影《とうえい》星数一〇〇万個《こ》）「メガスター・クラス」（病院や幼稚園《ようちえん》、レストランで気軽に利用できる機械）開発。

二〇一七年　四十七歳《さい》
十二分割《ぶんかつ》レンズ式投影機《とうえいき》（投影《とうえい》星数標準《ひょうじゅん》一〇〇万個《こ》）「メガスター・

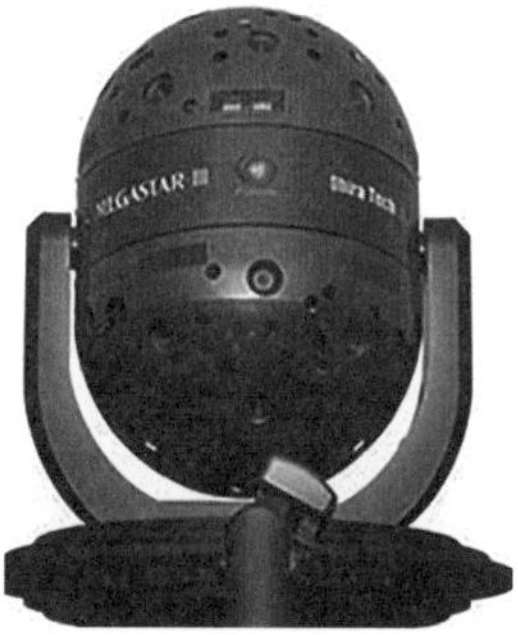

メガスター・Ⅲ《スリー》
フュージョン

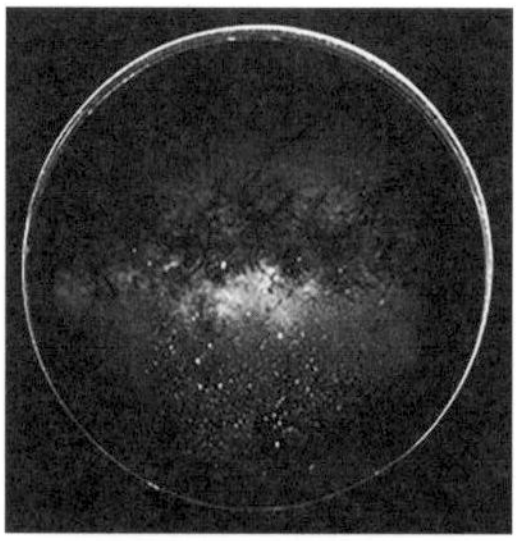

ギガマスク

メガスター・クラス

ネオ」（宅配便《たくはいびん》でも配達可能《かのう》）開発。

二〇一八年　四十八歳《さい》

直径五〇〇メートル級の巨大《きょだい》ドームに投影《とうえい》できる「ギガニウム」開発。

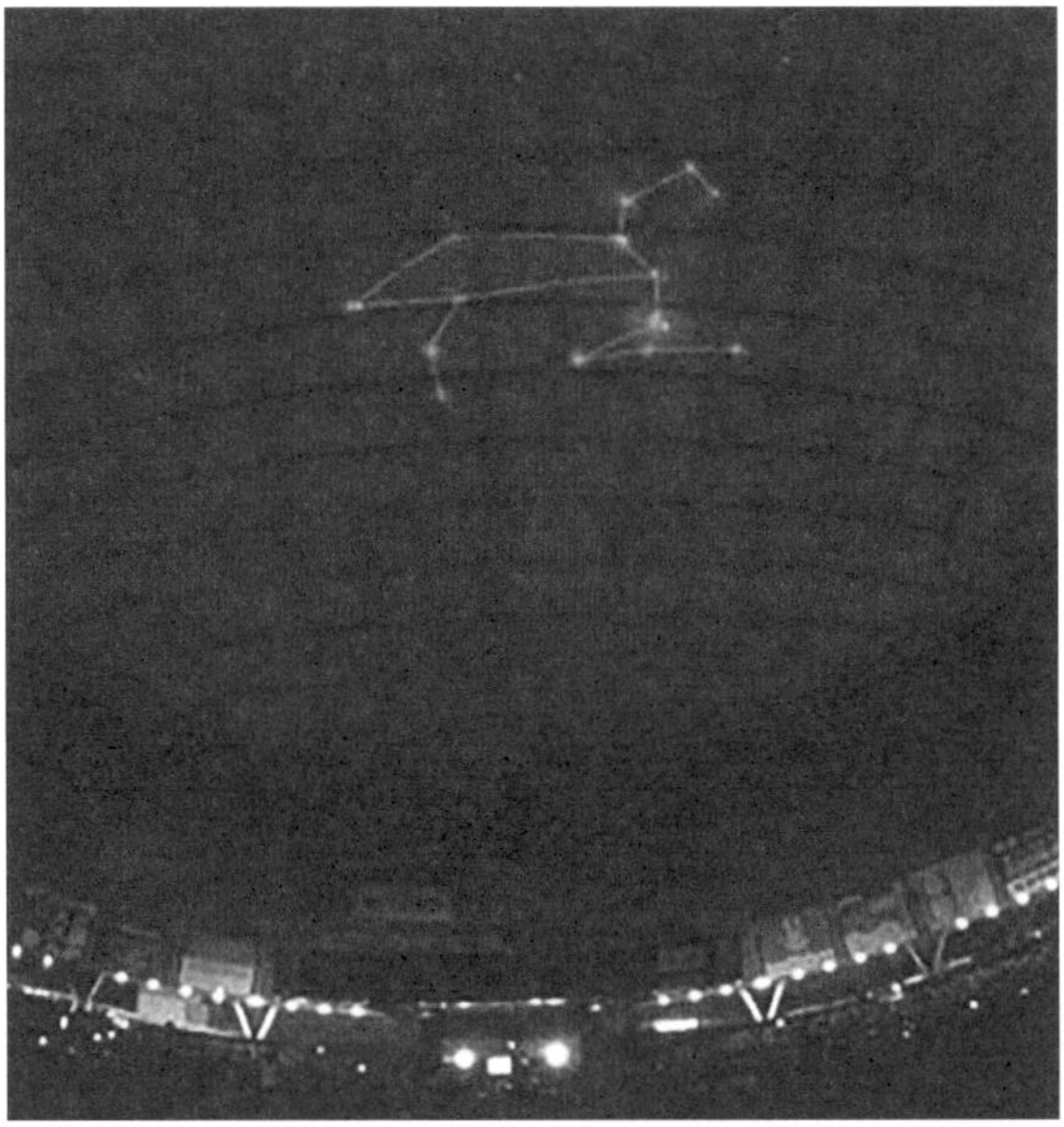

野球ドームの天井《てんじょう》に星座を映《うつ》すギガニウム

メガスター・Ⅲ《スリー》フュージョンの映《うつ》しだす星空

メガスター・ネオ

楠　章子（くすのき・あきこ）　**作家**
1974年大阪府生まれ。梅花女子大学児童文学科卒業。卒業制作の「ジャンプ・ジャンプ！」にて第45回毎日児童小説・中学生向き部門優秀賞受賞。2005年『神さまの住む町』（岩崎書店）でデビュー。著書に『知ってびっくり！　歯のひみつがわかる絵本』シリーズ（くもん出版）、『まぼろしの薬売り』（あかね書房）、『古道具ほんなら堂～ちょっと不思議あり～』『お母さんは、だいじょうぶ』（毎日新聞社出版）、『はなよめさん』（ポプラ社）、『ヘレン・ケラー』（学研プラス）、『ハニーのためにできること』『ばあばは、だいじょうぶ』（童心社）など。『ばあばは、だいじょうぶ』で第3回児童ペン賞童話賞受賞。
日本児童文芸家協会会員、日本児童文学者協会会員。

参考資料

『プラネタリウムを作りました。（改訂版）』大平 貴之・著（エクスナレッジ）
『プラネタリウム男』大平 貴之・著（講談社）

協力　　有限会社大平技研　大渡 恵子、田中 遥香
制作協力　　氷室 真理子（アミーニ）、校閲　蓬田 愛
表紙デザイン　　鷹觜 麻衣子

文研じゅべにーる〈ノンフィクション〉
星空をつくるプラネタリウム・クリエーター大平貴之

2020年8月30日　第1刷
2021年6月30日　第3刷
作　者　楠　章子
ISBN978-4-580-82414-0
NDC916　A5判　152p　22cm

発行者　佐藤諭史
発行所　文研出版　〒113-0023　東京都文京区向丘2丁目3番10号
〒543-0052　大阪市天王寺区大道4丁目3番25号
代表（06）6779-1531　児童書お問い合わせ（03）3814-5187
https://www.shinko-keirin.co.jp/
印刷所　株式会社太洋社　製本所　株式会社太洋社